冷たい福祉に抗い、住民を支える福祉に

福祉で働くあなたへ

元福祉事務所職員

赤星 俊一
Akahoshi Shunichi

学習の友社

まえがき

　いつ頃からでしょうか、耳にするようになったのは。気付けば、役所（行政）からも民間企業のように経済性や効率性を追求する声。首長からも「集中と選択」の発言。

　地方自治法では、「地方自治体は住民の福祉の増進を図ることを基本とし、地域における行政を自主的かつ総合的に実施する役割を広く担うものとする」（第1条の2）と定めています。即ち、住民の生活を守り向上させる責任を担うのが役場・市役所の第一の務めであり、これを前提に「経済性・効率性」の追求が求められます。業務は、法律や条例に基づき実施されます。首長の政治姿勢も業務に大きな影響を与えます。

　そして、「すべての職員は、全体の奉仕者として公共の利益のために勤務し、且つ、職務の遂行に当つては、全力を挙げてこれに専念しなければならない」（地方公務員法第30条）ことが求められています。そのことを住民が肌で感じるひとつに、窓口で応対する職員の言動があります。

　住民が窓口を訪れると職員がすぐ席を立ち「ご用をお伺いいたします」と対応する場面に出合います。ホッとします。

　頼んだ書類ができたりすると「○○さん」や、最近では個人情報保護からでしょうか、受付で渡された「番号」で呼ばれることもあります。時には、「○○さま」もあります。日頃聞き慣れない「○○さま」には驚きます。「言葉」で住民にそこまでへりくだる必要があるのでしょうか。

　一方、言葉は丁寧ですが、規則や法律を盾に、住民の要望に沿わない対応がなされることもあります。当然です。「職員は、その職務を遂行するに当つて、法令、条例、地方公共団体の規則及び地方公共団体の機関の定める規程に従い、且つ、上司の職務上の命令に忠実に従わなければならない」（地

方公務員法第32条）からです。特別扱いはありません、建前は。住民は我慢します。まれに、職員とやり合う住民もいますが。

　そうはいっても住民は行政、職員が頼りです。低所得で社会から孤立している住民は、特にです。その願いはささやかなものです。現行制度による支援や制度（施策）の説明を求めているのです。ぜひ、住民の生活、願いを理解してください。お願いはそれだけです。

　それなのに、行政の根底に「全体の奉仕者」とは真逆の対応、冷たい言動に出合います。時折マスコミの報道もあります。

　報道に私たちは、「ひどいなぁ」とは感じても、自らの身に降りかからなければ、目の前の生活に追われスルーします。仮に、住民が訴えても、職員（行政）は冷たい言動を素直に認めず、隠蔽する場合もあります。最近では愛知県安城市の事例があります。

　報道（2022年12月28日付中日新聞）によると、「安城市に生活保護の受給を申請した日系ブラジル人の女性（41）が27日、担当職員から差別的な発言を繰り返されたなどとして、同県弁護士会に人権救済を申し立てた。

　申立書によると、女性は小学生と1歳の子どもがおり、11月に市の窓口を訪れた。職員からは『外国人には生活保護は出ない』『日本で生活できないなら国に帰ればよい』『入管（出入国在留管理庁）に助けてもらって』などと申請を拒まれた。

　神谷市長らは会見で、市の意図が女性に伝わらなかったことについて『精神的負担をかけた。おわびする』と話す一方、『外国人に生活保護は出ない』『国に帰ればよい』という発言はしておらず、主張の一部は『事実と異なる』と説明」というものでした。

「生活保護の窓口は冷たい。女性はかわいそう」、「市長さんが『事実と異なる』と説明されているし、職員がウソの報告はしないだろう」と、どちらの主張、説明が事実なのか私たちの判断は分かれ、時間の経過とともに、事実は分からないまま忘れ去られるはずでした。ところが職員の対応が録音されていたのです。

これを受け安城市は、「6月21日の報道及び音声データから、昨年11月22日の相談時において、以下の誤った対応・不適切な発言があったことを確認した」として、次の事実を公表しました（2023年6月28日安城市全議員説明会「外国人の生活保護における不適切な対応について」より抜粋）。

・職員による誤った対応・不適切な発言（カギカッコ内は音声データより）
　1　外国人のホームレスは生活保護で助けられないと誤った情報を伝えた。
　　「ホームレスだったら生活保護とかでは助けることはできません」
　2　相談時点では居住実態がある相談者をホームレスと発言した。
　　「ルール違反で不法占拠して住んでいるから屋根があるだけでしょ。何でその状態をホームレスじゃないって言えます？」
　3　強制送還になるとの趣旨の発言をした。
　　「例えば、最悪、強制送還か何かわからないけども…」
・臨時記者会見（2023年6月22日）の内容
　「令和4年11月22日の相談において、誤った情報を伝えたこと及び不適切な発言があったことの報告と謝罪」
　「これまで本市の対応に誤りはなかったと説明してきたことの訂正」

　市民の訴え、発言が事実であり、安城市が公表した職員の発言は事実の隠蔽だったことが判明しました。音声データがなければ双方の主張は水掛け論のまま、職員の言動は闇に葬られたでしょう。
　こうした事実は、時々露見します。しかし、住んでいる市区町村で同じようなことがあっても住民は、ほとんど気づくことはありません。表沙汰にならなければ、行政も住民には知らせません。その結果、住民の人権は守られません。

　地方公務員は、「職員は条例の定めるところにより、服務の宣誓をしなけ

ればならない」（地方公務員法第31条）に基づき、「新たに職員となった者は、任命権者又は任命権者の定める上級の公務員の面前において、別記様式による宣誓書に署名しなければ、その職務を行ってはならない」（例・愛知県半田市「職員の服務の宣誓に関する条例第2条」）と定めています。

　宣誓書は、「私は、日本国憲法を遵守し、かつ、擁護することを固く誓います。私は、地方自治の本旨に基づき、住民全体の奉仕者として、公務を民主的かつ能率的に運営すべき責務を深く自覚し、職務を誠実かつ公正に執行することを固く誓います。　年　月　日　　氏名　　　」と、「憲法の遵守」と「住民全体の奉仕者」の宣誓です。

　宣誓した内容を自覚し日頃の職務に専念している職員が、どの程度いるでしょうか。

　残念ながら、歯牙にもかけない職員に出会います。

　低所得の住民も「住民全体の奉仕者」の「全体」のひとりです。しかし、住民の眼の届かない行政内部で人権無視が繰り返し行われています。

　低所得の住民の福祉、人権を守るためにも、この実態を何とかしたい。私でもできることは、多くの住民にこの実態を知らせる、知ってもらうことです。ひとりの行動では難しいですが、何とかしたい、住民に知ってほしい。職員には宣誓を基本とした仕事の姿勢を求めます。

　　　　　　　　　　2024年1月　　　　　　　　　　赤星　俊一

冷たい福祉に抗い、住民を支える福祉に

もくじ

まえがき ……… 3

第1話 住民の「生命と生活を守る」 社会福祉対人支援実践事例 ……… 10

はじめに

生活相談の内容

生活相談の経緯

具体的な取り組みと経過

事例を通して考えたこと

おわりに

第2話 生活保護行政の根底に流れる劣等処遇の原則 —A市の実態から— ……… 42

生活保護費の返還請求は行わないでください

行政責任希薄の証し「お詫びと生活保護決定通知書」

保護利用者の人格（人権）を無視した保護行政

おわりに

第3話 新型コロナウイルス感染症と行政 —弱者への視点— ……… 59

「税金滞納市民はコロナ禍支援を利用できません」

生活保護利用者を感染症拡大防止の対象から除外

第4話 市民の声訊かず、一方的な 長寿祝い金削減と健康祝い金の新設 ……… 67

老人福祉法の理念を無視した「健康祝い金」

「健康祝い金」新設の経緯

曖昧な「健康祝い金」贈呈基準

事業費削減が最大の目的

第5話 「地域と疎遠・制度不案内・支援届かず」への 社会福祉従事者の寄り添う支援 ……… 81

はじめに

当事者、生活支援の必要と思われる人との出会い

本人との関係の深まり

社会福祉従事者の寄り添う支援の実践力

社会福祉従事者に求められているもの

あとがき ……… 93

初出一覧 ……… 95

第1話

住民の「生命と生活を守る」社会福祉対人支援実践事例

❀ ❀ ❀ ❀ ❀

●はじめに

「衣食足りて礼節を知る」。広辞苑（岩波書店）には、「民は、生活が豊かになって初めて、道徳心が高まって礼儀を知るようになる」と書いてあります。

現状は、「衣食（住）確保できず生命と生活の危機を知る」です。月額5万円にも満たない老齢年金から有無を言わせず介護保険料や後期高齢者医療保険料が天引きされます。高齢者は減額された年金額に合わせて生活します。

介護を求めてもホームヘルパーさんは来てくれません。来ても支援や時間に制限があります。特別養護老人ホームに入るには1年以上もかかります。「待機」とは、介護保険が利用できないということです。利用できず生命の終焉を迎える人もいます。

非人間的生活を強いられているのは、高齢者だけではありません。障害者自立支援法、国民健康保険法しかり、社会福祉を必要とする国民各層は皆、同じ状況です。この状況は、社会福祉とは関係が薄いと思われていた若い人、働いている人の生活にも拡大しています。働いても食べられない、生活ができない「ワーキングプア」が社会問題となっています。「格差〈貧困〉社会」が常識になりました。

働く人々の労働環境は、「小林多喜二、没75年　現在の貧困労働者と『蟹工船』重なる」と報道（朝日新聞2008年2月14日）される今日です。「日本社会に〈貧困〉が広がっている。雇用や福祉がズタズタにされるなかで、人間らしい生活を送ることができなくなるまでに追いつめられた人々が増えている。いつのまにか誰にとっても〈貧困〉はすぐそこにある時代に突入した」（湯浅誠『貧困襲来』山吹書店）。

　この元凶は、社会福祉とは「国民の助け合いと、自立支援」とした『介護保険法』（2000年施行）と人間を法律で「商品（物）」扱いとした『労働者派遣法』（1986年施行。2003年製造業までをも派遣可能と改悪）です。

　この時代、社会福祉従事者、特にソーシャルワーカー（私は「社会福祉対人支援（実践）者」と表している）に、国民の期待は高まっています。どのような社会福祉対人支援の実践が求められているのか。私が最近相談を受けた事例の実践を報告します。

　大学の講義で生活保護行政の事例を取りあげます。生活保護を廃止され「オニギリ食いたい」と書き残し餓死した北九州事件（この事件については、藤藪貴治・尾藤廣喜『生活保護「ヤミの北九州方式」を糾す』あけび書房に詳しく、一読を勧めます）をはじめ、生活保護申請を受け付けない（住民を社会福祉事務所の外に追い払う、叩き出す）、生活保護法に明確に違反している事例です。

　こうした事例は全国で激発しています。学生は事例の内容についてマスコミ、社会福祉関係誌などを通し、概ね知っています。もちろん、憲法第25条も生活保護法第7条「保護は、要保護者、その扶養義務者又はその他の同居の親族の申請に基づいて開始するものとする。但し、要保護者が急迫した状況にあるときは、保護の申請がなくとも、必要な保護を行うことができる」も学び、理解しています。また、「定義　ソーシャルワーク専門職は、人間の福利（ウェルビーイング）の増進を目指して、社会の変革を進め、人間関係における問題解決を図り、人びとのエンパワーメントと解放を促していく。実践　ソーシャルワークは、社会に存在する障壁、不平等および不公正に働きかけて取り組む。そして、日常の個人的問題や社会問題だけでなく、危機と緊急事態に対応する」（「国際ソーシャルワーカー連盟のソーシャルワーカ

ーの定義」抜粋）も学んでいます。

　学習で事例に向き合う学生は、社会福祉事務所の対応を批判し、怒ります。しかし、次の一歩が出ないのです。次の一歩とは、この事例の中に自らの身を置くことです。自分が社会福祉事務所職員だったら、担当ケースワーカーだったらどう対応するのか。具体的な実践イメージが湧かないのです。さらに率直に、「上司には逆らえない」「財政も厳しい」「だからどうすることもできない」との声も出ます。当然です。学びの途中です。学生は生活体験、地域の人々との語らいも多くはありません。社会福祉現場体験、社会福祉利用者との出会いも限られています。住民の福祉、医療、保健、住宅などを担う行政関係者の仕事実態に接することは、皆無に近いのです。

　この溝を埋めるひとつの方法として、支援事例、住民の生活実態、関係機関の対応の実態、制度の変遷を学ぶことがあげられます。長く実践の現場にいる私たちが、社会福祉対人支援の具体的な実践を数多く提示することも、学びのひとつの方法だと考えます。この視点から、以下の事例を紹介します。

●生活相談の内容

　相談者・山中晴久さん（仮名、56歳、アルコール依存症にて通院中、無就労）は、A市乙市営住宅に、長女（21歳、未婚。アルバイト就労）と2人で生活していました。晴久さんは働いたとしても月に数日でほとんど収入はなく、また長女の収入も不安定のため市営住宅の家賃も支払いが難しく、A市内に居住する弟（48歳、未婚。会社員）から生活費、医療費の援助を受けていました。晴久さんは二十数年前に発症、精神科病院へ5回以上の入退院を繰り返してきました。この間の生活費、医療費の大半は、弟が負担援助してきました。

　晴久さんと長女は乙市営住宅（1975年建設）の家賃負担解消を考え、2007年3月にA市建築課に届け、許可を受け母親宅（78歳・A市甲市営住宅、1964年〜1966年建設）に転入し、3人の同居生活を始めました。

　母親の老齢・遺族年金と長女の収入だけでは生活できず、相変わらず弟か

らの援助も受けていました。同居生活半年後の 2007 年 10 月、母親が死亡します。死亡と同時に A 市建築課より、「死亡した母親と建築課との間に、『母親が死亡したら晴久と長女は甲市営住宅から退去する』との約束があるから、2 人は市営住宅を退去するように」との通告（電話）がありました。

　晴久さんと長女は市営住宅を退去すれば住む場所がありません。死亡による母親の年金収入（月額 15 万円弱）も無くなります。弟は長年、晴久さんへの援助で貯えも底を尽き、今後の生活を考えるとこれ以上の援助はできません。

　以上の生活状況から晴久さんと長女と弟の 3 人は A 市社会福祉事務所を訪ね（建築課職員同席）、生活援助（生活費、医療費、住宅確保）の相談を行いました。主たる相談は、晴久さんの甲市営住宅居住継続（住宅確保）と生活保護受給です。福祉事務所の見解は、「長女と同居（長女は軽四自動車保有）していること、そして主治医が働けると言われたら晴久さんの生活保護は無理です」や「市営住宅は母親死亡後最長 3 か月間待つので、その期間内にアパートを探して出てください」とのことでした。

　この見解に 3 人は甲市営住宅に住むことは厳しいと考え、「長女は仕事を探し甲市営住宅から転出し、1 人での生活を目指す（当分の間は弟宅に同居させてもらう）」、「晴久は生活保護を受ける。甲市営住宅に住み続けたい。ダメならアパートを探し転出する」との対応を模索しました。

●生活相談の経緯

　2007 年 10 月 11 日夜、筆者の住んでいる地域の区長（1,243 世帯加入の自治会長）が、晴久さんの長女と弟の 2 人を連れ、私の家に訪ねて来られました。来訪の目的は、「赤星さんは地域で住民の困りごと相談を行っている。長年、社会福祉事務所職員であったことから行政関係に詳しいのではないか。山中晴久さんの生活を助けてほしい」ということでした。

　私は元来、弱い立場の人がいじめられ苦しめられる姿に出合うと、感情的になり我慢ができない傾向にあります。困りきった 2 人の姿を目の前に血が

騒ぎました。初対面なのに生活に困りきり藁をも掴む思いからか、私の「一緒に考えましょう」という雰囲気に押されたのか、話はスムーズに始まりました。

２人の訴えの概要は、次のとおりでした。

① 私（筆者）に相談されるまでの経緯概要

晴久さんの弟の話によると、「母の死亡届をＡ市役所市民課に提出。このとき世帯主を誰にするかの話から市営住宅のことが話題となり、『母親は生前、私が死亡すると２人は市営住宅に住めないみたいなことを言っていた』と話した。これを聞いた市民課職員が建築課に電話で問い合わせをした。私と建築課職員（女性）がやり取りをし、職員から『建築課と母親の約束（文書）で、母親が死亡したら２人は市営住宅を出ることになっています。退去してください』と言われた。『兄（晴久）はアルコール依存症で行き先はないのでこのまま住まわせてほしい』とお願いした。職員は『約束は約束だから出てください』の一点張りだった。頭にきた私は『行き先がないのに出て行けとは、建築課は兄を住宅から追い出し、ホームレスにするのか』などと、感情的に反論した。職員はいったん電話を切った。10分後に先程の建築課職員から再電話があり、前と同じく『退去してください』とのことだった。私が感情的に兄の状態を訴え続けていると、男性職員（以下、「山際」仮名）に、電話を代わった。この職員も『約束は守ってください』を繰り返すだけだった。私は『出て行けとは市役所のやることか、市民に冷たいのではないか』と言えば、職員は『言っている意味が分からない』と。『お通夜や葬式で忙しいので落ち着いてから話しに行く』と言えば、『何の相談ですか、どうにもなりませんよ』といったやり取りとなり、ケンカ別れのような状態で電話は終わった」とのことでした。

「住宅問題が心配で、葬儀が終わってもホッとする気にはなれなかった。近所の方が『民生委員に相談しては』と教えてくれた。民生委員宅を訪問したら民生委員は、『今の住宅にいられるといいですね。生活保護を受けられる

といいですね』と親切に話をしてくださった。次の日、民生委員も一緒に福祉事務所に行ってくださった。福祉課では『本人と長女の２人世帯では、車もあるので生活保護は難しい。本人１人でも、医者が働けないと診断しないと難しい』と。あまり覚えていないが、同席していた建築課職員から、『他の住宅なら２人は優先して入ることができるかもしれない』（県営住宅入居のことか）、兄が通院している病院のある『Ｍ町（Ａ市外）に家を探しては』とか、話があった。とにかく、『甲市営住宅からは出てください』が頭に残っただけだった。

市役所での話を近所の方にしたら、『区長さんにも相談したら』と言われた。区長さんは以前近所に住んでおられ顔見知りだったので相談に行った。話をしたら区長さんは、『赤星さんに相談したら一番いい』と言われ、赤星さんに相談することになった」

② ２人に伝えた私（筆者）の「援助取り組みの考え方」

「通夜の日に市営住宅から出ろとは、役所のやることか」「役所は市民を住宅から追い出しホームレスにするのか」との弟と長女の訴えは、行政という権力機関に自らの顔を晒して対峙するものです。晴久さんの生活を守ろうと民生委員、区長、行政に自ら足を運び、相談。特に弟は、「兄貴（晴久）のためになんでもやってきた」。そして今、姪（長女）を一時的に自分のアパートに住まわせようともしています。

私は２人のこうした「生活を投げ出さず生きようとする姿」に、力強さと感動を受けました。２人とは初対面ですし、晴久さんとは面識もないのに晴久さんをはじめ３人と協力し、「住宅確保」「生活保護受給」を目指す決意が湧いてきました。そして、私の考える当面の援助と具体的な取り組みを２人に伝えました。

　① 当面長女は叔父（弟）宅にて生活。定職を探し安定した１人での生活を目指す。
　② 晴久さんは市営住宅にて１人で生活する。当面、生活保護受給を最

優先に目指す。主治医の見解（就労要件）に関係なく、生活保護申請を行う。社会福祉事務所は申請書の受け取りは拒否できない。これは、小山進次郎『生活保護法の解釈と運用』（財団法人中央社会福祉協議会）と生活保護問題対策全国会議『生活保護申請マニュアル』（全国クレジット・サラ金問題対策協議会）を引用し、国民の権利を説明した。生活保護申請には私も同席してもいいと伝えた。

③ 生活保護申請後、Ａ市社会福祉事務所から扶養義務調査書が２人（長女と弟）に送付されること。この扶養義務調査書について民法の求めている扶養義務と生活保護法との関係について、前記文献を基に説明した。

④ 生活保護受給決定後、住宅問題に取り組む。基本は、甲市営住宅に住み続けることを目指す。そのために建築課が主張する退去理由の根拠、救済規定を調べる。

⑤ 退去という最悪の場合も想定し、アパート探しも行う。しかし、無職（病気）の入居契約は難しいと考えられる。アパート探しの記録を残しておき、低所得者の住宅確保の厳しい現状を建築課に伝える資料とする。

⑥ 生活保護受給および住宅確保と並行し、２人は晴久さんの断酒継続を援助する。具体的に地域の断酒会参加を勧めた。２人の話によると、本人は過去何度か出席したことがあるとのこと。本人の参加が難しい場合でも、長女や弟の参加を勧めた。

⑦ 建築課などの対応に怒ることだけでは住宅問題は解決しない。感情的にならず、「病人を市営住宅から追い出す建築課はひどい」と声が出るように、晴久さんの生活実態を甲市営住宅近隣の人々や民生委員などに話すように勧めた。弟によると、「建築課の話はどうなった」と心配して訊ねてくださる近隣の方もおられるとのこと。

⑧ 様々なことで生活に困っておられる方がたくさんいること。この町内でも何人かの方が、私の家に相談に来ていること。「みんなで手を携えて声をあげないと生活は守ることはできない」、こうした考えで

私は生活相談を行っていること。一緒に「市営住宅」に住み続けられ
　　ることを目指したい。

という私の思いを聞いてもらいました。
　2人の顔に少し笑みが浮かびました。私は2人の顔を見ながら、「絶対、
市営住宅から追い出させない。建築課が退去の文書通告を行えば晴久さんの
甲市営住宅への居住権確認を求め、この退去通告無効を求める仮処分申請を
裁判所に提出する」決意を胸に秘めました。
　平穏に市営住宅で生活している市民を、病気で働けない市民を住宅から追
い出す。弟が瞬間的に建築課職員に投げつけた、「建築課はホームレスをつ
くるのか」の思いは、憲法第25条（生存権保障）の視点です。公的機関であ
る建築課は、憲法第25条の理念を具現化する責務があります。
　この視点（住宅困窮者への住宅確保）は、「ホームレスの自立の支援等に関
する特別措置法」（2002年8月施行）にも、具体的に明記されています。
　同法第1条（目的）では、「自立の意思がありながらホームレスを余儀な
くされた者」と、ホームレス状態をホームレス当事者の「自己責任」ではな
く、「余儀なくされた者」とし、「社会構造から生み出された状態（国などの
公的責任）」であると定めています。第3条（自立支援施策）では、「自立意思
のあるホームレスに対し…居住の場所の確保（第1項）」「ホームレスになる
おそれのある者…がホームレスになることを防止すること（第2項）」と定
めています。そして、第5条（国の責務）、第6条（地方公共団体の責務）では、
「（前出）第3条第1項、同第2項などを実施するものとする」と定めていま
す。
　ホームレスや低所得者への生活支援は、この定めからも福祉行政だけが担
当でないと言っているのです。また、公営住宅法では、「住宅困窮度が高い
ものとして一般住宅困窮者より優先して住宅の援助を行う必要のある者」の
例示として、「自立支援センター等で支援を受け就労又は生活保護の受給者
等により自立して生活することが可能になったホームレスについて入居を優
先的に取り扱う」（監修　国土交通省住宅局住宅総合整備課『公営住宅の管

理・平成19年度版』（社団法人日本住宅協会・p69）とされています。

　私は仮処分申請について2人には明言しませんでした。生活を守る手段とはいえ、「裁判」は私たちの生活で一般化していません。相談者と支援する私との取り組みはスタートラインについたばかりです。双方の信頼関係は、心の片隅に芽生えはじめたばかりです。信頼を体感、確かめ合ってはいません。いくつかの行動を通し障壁を乗り越えていく、この延長線上に、裁判という避けられない事態があるのかもしれません。社会福祉対人支援は勇ましい、難しい言葉を駆使するものではありません。ひとつひとつの事例に真摯に取り組み、生活を苦しめる原因が何処にあるのかを学びあうことが求められるものです。この作業を通して双方の信頼関係は徐々に高まります。

　なお、前出「自立の意思のあるホームレス」の文言は、「自立の意思のないホームレス」は同法の支援対象外ということではありません。政府は「自立の意思の有無によって支援する、しないを分けるわけではありません」と答弁しています（2002年7月17日、衆議院厚生労働委員会での真野厚生労働省社会援護局長）。では、「自立の意思のないホームレス」に対する政府の認識はどうでしょうか。「いわゆる自立の意思のないホームレスというのは、さきほどの反対といたしますとホームレスの状況を脱却する意思のない方を指すものと考えられますけれども、こうした方々に対しましても相談援助を通じましてできるだけ、一時的にその意欲をなくしているのであれば、その自立の意欲を促す、また、なかなかそういう状況にならないとしても、緊急援助その他の対象としてできる限りのことを支援することになろうかと思います」としています（前出・真野局長。以上、笹沼弘志『ホームレスと自立／排除』大月書店・p158. 159. 160。社会福祉対人支援における「自立」学習に同書を勧めます）。

●具体的な取り組みと経過

（1）10月15日。長女、弟、区長、筆者協議（筆者宅）
　①　晴久さん、10月13日病院受診（長女、弟同行）。就労は難しい、治療が

必要との主治医見解。

② 晴久さん、断酒を継続中。長女、地域の断酒会役員名、開催日時、会場を調べており、長女だけでも参加するとのこと。参考に拙論「アルコール依存症 K さん」（川田誉音編『社会福祉援助技術論』みらい）を貸与しました。

③ 生活保護申請、決定までの晴久さんの生活は、2 人（長女、弟）による現物支給（食料品など）を引き続き行うことを確認。

④ 長女の家財道具、半数は弟（叔父）宅に搬入。転居完了後に生活保護申請手続き実施（筆者も同行）を確認。

⑤ アパート探しを始め、3 か所（2 日間）不動産屋などを訪問、入居依頼。しかし、全て「アルコール依存症の人は入居お断り」の対応だったとの報告。

⑥ 長女と弟が断酒会に参加し、断酒活動を体験（実感）してはどうかとの区長から再度提案。また区長より 2 人に、「アパート探しは誠実に行い、この結果（アルコール依存症者には貸与してくれない）を記録し、この実態を建築課に説明する資料に」とのアドバイス。

⑦ 私は、区長をはじめ地域の力を借り、市営住宅に住み続けられるように頑張りましょう、と 2 人を激励。

(2) 11 月 2 日。長女と筆者協議（筆者宅）

① 長女、家財道具など 10 月末に弟宅に引越し完了。11 月 1 日から弟宅にて生活。飲食店に就職（臨時職）。

②「父（晴久さん）が台所に残っていた料理酒、そして遅れて持参された（亡祖母の）香典で酒を買って飲んだよう。その後はお金も無く、飲んでいない」との報告。

③「父に生活保護を受け、甲市営住宅に住み続けられるようにと、赤星さんに相談していることを説明した。赤星さんが父に会いたいと言っていると伝えた。父は赤星さんとの面談を了承した」とも。

(3) 11月3日。筆者、晴久さん宅訪問（長女と弟同席）

　　晴久さんと面談。本人と私は初対面でしたが、長女から事前説明がされていたことや長女たちの同席もあり、最近の生活の様子について素直に話をされました。「このまま住宅に住まわせてほしい。行き先はないのです」と、特に必死に訴えられました。

　　私は「晴久さんには娘さん、弟さんが一緒に考え、支えてくださっている。私も今までの経験を活かして支援します」と励ましました。

　　その後、晴久さん、長女、私の3人で晴久さんの担当地区民生委員宅を訪問。区長同行で晴久さんの生活相談が私にあった経過と、今後も民生委員の支援をお願いしました。

　　民生委員から、「晴久さんと同行して福祉課（建築課）へ相談に出かけました。特に、甲市営住宅に住むことは厳しいとの返事でした。赤星さんも近所でよく知っています。私にできることがありましたら言ってください」と、心温まる言葉をいただきました。

　　私は晴久さんと長女の2人に、「良かったですね。私たちは多くの人達に支えられて生活しています」と、日頃の近所付き合いが大事であることを伝えました。

(4) 11月5日。晴久さんと長女と筆者の3人で生活保護申請のためA市社会福祉事務所を訪問。社会福祉事務所は職員2人（うち、1人は管理職の「島崎」仮名）での対応でした。

　　島崎 − 前にも話を聞いていますので状況は分かっています。関係の書類を作りましょう（生活保護申請書、収入申告書、資産申告書、同意書[*]の提示あり）。

　　晴久 − 最近字がぼやけて見え、書けない（長女代筆）。

　　赤星 − 14日以内に決定してください（生活保護法第24条参照）。

　　島崎 − 14日以内にします。その前に家庭訪問をします。

　　　　　[*]この「同意書」記載提出には問題があります。ですが、生活保護受給を最優先し、職員と論争はしませんでした。同意書とは、「昭

和56年11月17日社保第123号厚生省社会局保護課長通知」、いわゆる『123号通知』のこと。生活保護申請者が申し出た、その世帯の預貯金額・生命保険加入有無、給与などは信用できないとの考えから、申請者世帯全員に対し、これらの調査を福祉事務所長が一方的に実施することへの同意を求める、人権無視の書面。この通知は毎年度、中央法規出版から発行される『生活保護手帳』に収録されています。通知による現場の実態は、拙著『誰のため何のために福祉で働くのか』（あけび書房・p234～ご参照）。この同意書を廃止した秋田県の事例は、尾藤廣喜編著『これが生活保護だ』（高菅出版・p161～）が参考になると思います。一読を勧めます。

(5) 11月13日。弟と筆者面談（筆者宅）

① 弟より「兄（晴久さん）の住宅退去の件で建築課の職員に、『（兄の母親宅同居申請の件で）母の対応が悪かった』など、いろいろなことを言われた。頭にきたが、兄の件（住宅に住まわせてほしいとお願いしている件）があるので文句は言えなかった。でも腹立たしい。何とかならないだろうか」と相談がある。兄のアパート探しが厳しく、少しイライラしている感じでした。

　そこで、「行政と感情的に口論はしないこと。職員の中には自らが不利になると『言った、言わない』と責任逃れの発言をする傾向がある。即答（反論）は控え、『言われることを紙に書いてください。考えてから返事します』としてはどうか。大事なことは、頭にきても兄のことがあるとなぜ文句が言えなかったのか。この背景には、行政と市民は対等な関係にないことを実感されたからではないのか。対等な関係はどうしたらできるのか考えましょう」と伝えました。

② 「兄、食事は朝と昼は1人で。夜は兄宅に私や娘が出かけ3人でとることが多い。飲酒が一時はあったが今は落ち着いている」とのこと。

③ 「アパート探しで、矢吹不動産（仮名）に、『A市に生活保護のお願いをしている』旨を話すと、『生活保護だけで食べている人はダメ。入っ

ている人は働いて税金を出している人だから』と。また友達が知人のアパート経営者に頼んでくれたが、アル中と言ったら『話は無かったことにしてくれ』と断りの返事。兄貴の行き先はありません」と、少し弱気の気配。

「民間業者の住宅提供目的は、住宅に困っている市民救済ではなく営利が目的である。本音が出たのでしょう。なぜ、A市が住宅を税金で設置し、市民に低家賃で提供するのか。また私たちの意識に、なぜ生活保護受給者、アルコール依存症者への偏見があるのかを考えてみましょう。このようなことは他にも多くあります」と伝えました。

④「A市社会福祉事務所からあなた（弟）、長女宛に、『生活保護法による保護決定に伴う扶養義務について（照会）』が郵便で送られ、この中に『扶養届書』が同封されています。私生活に関する細々したことを書くようになっていますが、人に知られたくない個人情報記載の義務はありません。また、自分の生活を犠牲にして『扶養義務』を行う必要もありません。『扶養届書』提出の義務はもともとありませんが、『自分の生活に精一杯で金銭の援助はできません』と書いて出してはどうでしょう。不明なことは私に相談してください」と私は伝えました。参考に、竹下義樹編『生活保護Q&A 50プラス1』（高菅出版・p60～63に詳しい）を貸与しました。

(6) 11月15日。長女と筆者の2人で「扶養届書」提出のため、A市社会福祉事務所訪問。社会福祉事務所は島崎職員の対応でした。

「扶養届書」を提出しましたが（長女は「自分の生活に精一杯で援助できません」と記載。弟は封筒に入れ、内容不明）、職員から内容についてのコメントはありませんでした。

　　島崎－先日、晴久さん宅を訪問しました。本人はよく喋られますね。お酒は飲んではいないようですね。

　　赤星－14日以内に早く決定してください。保護に決まったら建築課にお願いすることがあります。建築課へ住宅に残れるように福祉課か

らの支援もお願いします。

　島崎 - 14 日目は 11 月 19 日ですね。建築課は規則もあるようで。

　長女がアパート探しのメモを出し、「家はなかなかありません」と伝えました。職員は「参考にコピーしてもいいですか」と言われたので、「どうぞ」と伝えました。

　その後、建築課を訪問（担当者不在、女性職員対応）。

　アパート探しのメモを職員に示す。

　赤星 - 「このように探していますが家はなかなかありません」と担当職員に伝えておいてください（職員、メモをコピー）。

　職員 - 本人さん、娘さんと 2 人で生活された方が良いのでは。娘さんが結婚されるまででも。お酒の関係でも。

　赤星 - 2 人には 2 人の生活への思いがあります。依存症の治療は専門職の医者やケースワーカーが担当されます。もちろん、娘さんは可能な限り日々訪問しお世話します。市営住宅に住めるようにしてください。

(7)　11 月 19 日。筆者、晴久さん宅に電話。A 福祉事務所から生活保護開始決定通知があったことを本人に確認。

(8)　11 月 20 日。筆者、A 福祉事務所訪問。島崎職員と面談。

　生活保護開始決定のお礼と、福祉課から建築課へ晴久さんの市営住宅居住継続の働きかけを再度お願いしました。

(9)　11 月 29 日。筆者、民生委員宅訪問、民生委員と面談。

　「本人の性格や病気から、今の市営住宅居住が良いのでは。アパートがあったとしても新しい人付き合いは難しく、飲酒がひどくなるのではないかと心配です」と民生委員は語られました。「建築課に再度お願いしてみます。そのうえで対応を考えます」と私は伝えました。

筆者、晴久さん宅訪問。本人と面談。

　A福祉事務所から送付された生活保護開始決定書を見せてもらいました。本人は「ありがとうございます。断酒会は夜で寒いですが、出かけます。でも、この家には住めないでしょうね」と生活保護開始を大変喜んでおられましたが、住居への不安を強く感じました。

　私は「民生委員さんや区長さんの支援、そして娘さん、弟さんも一生懸命動かれ、生活保護も受けられたんですよ。住宅も皆で頑張りましょう。明日、私が建築課にお願いに行ってきます」と励ましました。

(10) 11月30日。筆者、晴久さんの市営住宅入居の件で建築課訪問。

　建築課は、管理職（以下、「久保」仮名）、職員2名（以下、「寺居」「浦羽」いずれも仮名）の3名対応でした。

　赤星－ご存知と思いますが、晴久さんは生活保護を受けられるようになりました。市営住宅は単身では入居資格はないようですが、生活保護の人は1人でも申し込めますね。A市はどこの住宅だと1人で申し込めますか。

　　　　（参考　公営住宅法施行令第6条第1項に「生活保護受給者、DV被害者、満60歳以上、ハンセン病療養所入所者などの単身入居を認める」とあります）

　寺居－緑ヶ橋住宅6戸、君ヶ丘住宅29戸（住宅名はいずれも仮名）です。しかし来年1月募集まで単身住宅の空き室はありません。

　　　　（参考　A市市営住宅の全戸数は、A市住宅条例別表によると「15住宅、997戸」）

　赤星－晴久さんが住んでいる甲住宅も単身住宅があるでしょう。なぜ空家募集をしないのですか。建替えの計画でもあるのですか。

　浦羽－平成16年頃より空室募集はやっていません。建替えるのかどうするのか検討中です。

　　　　（参考　筆者の知人A市議会議員調査によると、平成16年1月から甲市営住宅は退去者があっても空家募集は行われていません。結果、

　　　　77 戸中 14 戸が空家となっています）

赤星 − 結論はいつまでに出すのですか。

浦羽 − まだ決まっていません。

赤星 − アパートは探していますが、晴久さんの病気のことを業者に言う
　　　と、みんなお断りです。福祉課で生活保護も決定されました。本人
　　　の病気からも今の住宅環境が一番良いと思います。ぜひこのまま住
　　　まわせてください。

久保 − 生活保護なら福祉で家賃も払ってもらえるし、民間を探してもら
　　　えませんか。

赤星 − 生活保護は家賃の支給に上限があります。民間は家賃も高いし病
　　　人の単身者は難しいですよ。こういう人達のために市営住宅はある
　　　のではないですか。

　　　　（参考　A 市生活保護単身者の住宅扶助支給上限額は、月額 32,000 円）

職員 − ………。

赤星 − どうしてもダメなら生活保護を受けている単身者だから、A 市
　　　の他の市営住宅に申し込みます。

久保 − 一度、市営住宅から出てもらわないと他の市営住宅には申し込み
　　　はできません。県営住宅が 12 月 12 日から募集します。県営は市営
　　　住宅入居者でも申し込みできますよ。

赤星 − 同じ公営住宅なのに県営は申し込みができて市営はダメなのです
　　　か。A 市も申し込みを認めるべきですよ。

久保 − それを認めると入居者が私も私もと、別の市営住宅に転居*の申し
　　　出をすると困るのです。

浦羽 − 他にも一人入居の申し込みが多くあります。この人達との関係で
　　　も公平にやる必要があります。

赤星 − 晴久さんは、その人達と単純に同じではありません。本人は今市
　　　営住宅に住んでいるのに出てくれと言われ、住む所に困っているの
　　　です。また、そのような申し出が多くあるということは、住宅に困
　　　っている市民が多くおられるということです。そのため建築課は、

市営住宅を増設する責任がありますよ。

寺居－入居資格の無くなった方の退去猶予期間は普通49日ですが、山
　　　中さんは12月いっぱいとしています。

赤星－入居資格がないと言われますが、病気で生活保護を受けておられ
　　　るのです。この住宅は本人が退去すれば次の入居者募集はされませ
　　　ん。税金で建てた市民の財産が空家になり、未利用で放置されるの
　　　です。住宅に困っておられる市民の方にも理解してもらえますよ。
　　　最悪でもアパートに入れるまでは置いてください。

久保－特例を設けるとズルズル住み続けられるので困ります。

赤星－生活保護を受け市営住宅にいる人に出てくれと通告し、他の住宅
　　　に申し込みもできないとは。もう少し暖かい対応はできないのです
　　　か。

浦羽－市営住宅を出て知人宅にでも身を寄せてから申し込んでください。

赤星－本人の生活状態を考えてください。アパートを探してもないのです。
　　　アパートがあれば別ですが、何度も来ますのでよろしくお願い
　　　します。

　　　　＊ここでは、今回の晴久さんの継続入居の件と外れるため議論はしま
　　　せんでしたが、A市住宅条例には、以下の規定があります。「第5条
　　　市長は、次に掲げる事由に係る者を公募を行わず、市営住宅に入居さ
　　　せることができる。同条第8項　市営住宅の入居者が相互に入れ替わ
　　　ることが双方の利益になること」。ということは、入居者より転居の
　　　申し出があれば、検討義務がA市にはあるのです。

(11)　12月1日。弟と筆者面談（筆者宅）

①「兄（晴久さん）は生活保護が受けられ安心したのか毎食、自分で作っ
　て食べています。私はほとんど毎日訪ねています。お金を渡すとお酒を
　買う心配があります」。そこで私は「晴久さんが酒を止め続けるため当
　分の間、お金を持たないことを本人に納得してもらい、あなた達（弟・
　長女）で生活保護費の出納簿を付け、管理しては。このことは本人も交

え、主治医と相談してはどうでしょう」と提案しました。
② 「兄、断酒会にも出かけると言っています」。
　私は「断酒会、Ａ市福祉課主催のアルコール依存症者体験講座など、あなた達（弟・長女）も一緒に参加されてはどうですか。２人のアルコール依存症理解が、晴久さんの断酒継続に大きな影響を与えます」と話しました。
③ アパート探しのメモ書きを見せてもらいました。
　内容は、10月14日から12月１日の間、14か所の不動産関係者を訪問。「生活保護を受けていてもいいですよ」と言われた所もありましたが、アルコール依存症とわかると、断られていました。丁寧な断りもありましたが、大半は「アルコール依存症の方は厳しい。まずありません。お断りします」と素気ないものでした。
④ 筆者の建築課訪問（11月30日）の内容を報告。
　そして、次のような見解と対応を述べました。
　建築課職員には、市民（晴久さん）が住宅に困っているという生活実態を認識し、市民の生活を守ろうという姿勢（住宅確保）は見受けられない。この原因のひとつは、職員は市営住宅居住者に対し、「住まわせてやっている」という意識があるのではないか。この関係を変えるには「建築課と１人の市民（晴久さん）」の関係から、「建築課とＡ市民全体の住宅問題」の関係にする必要があるのでは。冷たい建築課の姿勢を市民に知ってもらい、「建築課はおかしい。Ａ市はおかしい」と市民が声をあげると、職員の姿勢も変わるのではないか。この具体化として、Ａ市では市民の声・要望を聞く「市長への手紙」という制度がある。晴久さんの困っている現状を書いて（私が晴久さんの思いを代筆）、市長に手紙を出す。手紙の賛同人には、日頃は地域でＡ市政に協力しておられ、今回晴久さんの生活を理解・支援してくださっている区長、民生委員にもお願いする。晴久さんの生活実態から市長は、何らかの対応を考えられるのではないか。最悪、建築課と同じ見解なら、晴久さんの生活実態とＡ市の住宅行政をビラにして、市営住宅入居者を中心に知らせ、「晴

久さんを市営住宅に住まわせて」と A 市長あての署名活動を行ってはどうか。

　話を聞いた弟は、不安げな顔で「よろしくお願いします。市長さんにはアパートを探したが入れてもらえないことと、甲市営住宅にはいくつも空家があることを言ってください」と言われました。

(12) 12月3日。筆者、市長への手紙（案）作成。晴久さんと区長と民生委員に届け、内容検討を依頼しました。

(13) 12月4日。筆者、市長への手紙への署名を、区長と民生委員にしていただき、A 市秘書課へ提出しました。民生委員は「人権擁護委員」職にもあり、自らこの職名もお書きになり、人の温かさに接しました（内容は章末の「別添」参照）。

(14) 12月5日。筆者、A 市 12月定例市議会を傍聴していたところ、建築課の久保職員が面談に来られた。

　久保－市長への手紙の件で話し合いはできないでしょうか。

　赤星－話し合いは私の方も望んでいます。本人、区長、民生委員にも了解は得ますが。

　晴久さんと区長と民生委員に久保の話を報告。赤星が対応することになった。

(15) 12月13日。筆者、建築課訪問。建築課の久保、寺居職員。社会福祉事務所の晴久さん担当ケースワーカー同席で面談。

　久保－山中晴久さんのことで市長に陳情と言うか、手紙を出されましたね。

　赤星－前にも話したとおり、アパートはいくら探してもありません。多くの所で「生活保護はダメ。アルコール依存症はダメ」の返事です。

市営住宅以外、行き先がないのです。

久保－民間ならそう言うでしょう。アルコールのことは黙っていたらどうですか。

赤星－民間でもひどい話で許されませんよ。しかしこれが現実です。行政は市民の生活を守るため、税金で市営住宅を建設されるのです。病気のことを隠すような、何か人をだますようなことはできません。

久保－手紙に書いてあった甲市営住宅の空室の有効利用については納得できません。修繕維持費もかかります。

赤星－現に多くの人が住んでいます。空室になったら誰も入れない。市民は住宅に困っています。建築課の話に市民はとても納得できませんよ。

久保－山中さんから住む理由書、病気という診断書を出してもらえませんか。

赤星－理由は市長さんへの手紙の通りですからすぐ出せます。診断書は5000円くらいかかります。生活保護担当に医療要否意見書（参考病気の人が生活保護を申請すると社会福祉事務所は申請者の病状調査として、この意見書を受診医療機関に提出を依頼する）があるので、この写しでお願いします。晴久さんに了解の確認後ですが。

ケースワーカー－本人の了解があれば建築課に届けます。

久保－それから保証人は2人いますか。これは絶対必要ですが。

赤星－保証人のいない人もいます。ホームレスの人とか1人暮らしの人とか。その人の事情を考慮し、市長が認めれば保証人が無くてもいいですよ。条例にあります。

久保－それはないです。これで（机上の書類を指差して）やっています。

赤星－いや、ありますよ。条例を見せてください。私がケースワーカー時代、生活保護を受けている人を何人かやりました。君ヶ丘住宅の今井さん（仮名）も保証人は誰もいませんよ。確かめてください。私が保証人無しで入居申請の手続きをしましたから。

寺居－条例にあります。建て替えの時にやりました。

久保－あー、そうか。でも私が来てからやったことはない。

赤星－民間では保証人がなくても保険があって、アパートに入れると言われています。しかし、高齢者などは難しいですよ。

久保－Ａ市は保証人の保険は受けていません。

赤星－だから条例で市長が必要と認めれば、保証人がなくても入れる規定があるのです。市民の生活を守るために。

久保－保証人がないと家賃滞納のとき困るのです。家賃滞納で私たちは責められるのです。山中さんから理由書を出してもらえませんか。

赤星－今日の話は、理由書を出せば入居継続を検討する、12月末までに出さないときは延長する、ということですか。

久保－特例ですが。

赤星－確認しますが、本人、区長、民生委員にそのように伝えますよ。

久保－結構です。

区長と民生委員に建築課とのやり取りを報告。

夜、晴久さんと弟に建築課とのやり取りを報告。今後の対応を協議（筆者宅）。

３人で建築課へのお願い文（理由書）の内容を協議しました。意見の相違もありました。弟は「近所の人たちも兄が市営住宅に住むことに賛成していると書きたい」と主張されま

※参考　Ａ市の事例ではありませんが市民の声です。

未入居の公務員住宅
一般に貸し出しては

自宅が近いので熊本市東町（陸上自衛隊西部方面総監部）横の県道（通称第二空港線）を通るのですが、最近気になっていることがあります。道沿いに公務員住宅が建っていますが、そのいくつかは入り口に板が張り付けられて誰も入居者がいないようです。実は私、市営住宅に二年間ほど応募し続けていますが、実現しません。空室であれば一般に安く貸し出すなどの工夫をしてもいいのではと思うのですが…。＝熊本市、パート・女、26

所有・管理している九州財務局宿舎総括課は「国家公務員の合同宿舎『東町北住宅』は、築四十年前後と老朽化しており、来年度から数年間で全十六棟のうち八棟を建て替える計画です。賃貸に関しても、災害時など緊急時に限られています」と話しています。

2007年12月20日
熊本日日新聞

した。これに対し私は、「兄がなぜ住宅に住む必要があるのか、このこと
を明確に建築課に主張する文書。これを出しても建築課がダメと言ったら、
兄を市営住宅から追い出すなと近所の人も含め署名を集めることが必要で
は」と話し、弟の意見は書かないことになりました。私の意見に弟が納得
し、理解したかは疑問です。しかし、理由書は早く提出することが必要と
判断し、私の意見でお願いの文書を作成しました（内容は「不動産屋さんで
はアルコール依存症の人の入居は無理と言われました。なかには生活保護はダメ
とも。アパート探しはこのような状況です。病気で働くこともできません。どう
かこのまま甲市営住宅に住むことをお願いします」）。

　晴久さんと弟の2人から12月11日、A市福祉課主催のアルコール依
存症者体験講座に長女と3人で出掛けたことを話されました。特に弟から
「酒を止められることは分かったが、酒ばかり飲んで会社に行けなかった
時の生活費はどうしていたのかを聞きたかった」と、兄への援助の大変さ
と体験を重ねる思いが話されました。また12月26日夜、公民館で開かれ
る断酒会にも「出かけます」と、生活意欲の高まりを実感しました。
　市営住宅からの市民追い出しは、A市建築課だけの考えで行っている
のではなく、国の政策で「公営住宅の入居制限」が強化されていることが
背景にあります。例えば、2005年12月26日国土交通省住宅局長は、「現
行では入居の名義人が死亡や離婚でいなくなった場合、3親等（子、孫、
父母、祖父母、兄弟、姉妹、叔父・叔母）まで使用継承されていたものを、原
則として配偶者に限定する」と、各都道府県に通知を出しています。さら
に市町村はこの通知の実施も迫られます。その結果、A市の市民（晴久さ
ん）も苦しめられていることを説明し、国の政治にも関心を持たないと市
民の生活は守られないことを話しました。

(16) 12月14日。晴久さんと筆者の2人で「お願い文」（理由書）提出のた
　　め建築課訪問。建築課は山際職員が対応。お願い文を提出。
　　山際－決裁（職員が晴久さんの市営住宅入居継続認否の案件を作成。これを各

関係職員、市長までの了解を得る事務行為。関係職員が案件に対し「了」の場合は押印、「否」「修正」の場合は、意見を付すか差し戻す。最終は市長が判断する）がおりたら本人さんに電話します。そうしたら来てもらい、出してもらう書類の説明をします。

晴久－電話をもらっても忘れることが多いので…。

山際－弟さんに連絡しましょうか。

晴久－弟は仕事で夜しか帰ってこないのですが。

　その結果、筆者に連絡することになった。

　晴久さんと私の2人で、区長宅と民生委員宅を訪問。建築課に「お願い文」を提出したことを報告。

(17)　12月27日。筆者、建築課に結果問い合わせの電話（山際職員が対応）。

赤星－住めるようになりましたか。本人の不安を早く解消してください。

山際－決裁中です。「市長が特に認める」ではなく、別の条項に該当すると判断して決裁をあげてあります。

(18)　12月28日。建築課の山際職員から筆者宅に電話（筆者不在。留守電受け）。

(19)　12月29日。筆者、山際職員に電話。

山際－住んでもらえる決裁がおりました。本人さんにも電話しましたが出られません。本人へは1月4日以降に連絡します。保証人を2人お願いします。

赤星－ありがとうございました。私から本人、弟に伝えてもいいですか。

山際－決裁がおりていますので結構です。

　夜、弟に建築課の決定を伝えました。弟は何度も「ありがとうございました。何の関係もないアカの他人に、ここまで親切にお世話いただいて」

と、感極まった声が伝わってきました。私も胸に熱いものが込み上げました。相談を受けた者の喜び、やりがいを実感する一瞬です。

(20) 2008年1月16日。晴久さんと弟の2人が筆者宅に来訪（筆者不在。妻が応対）。

　2人は「市営住宅におれるようになりました」と、何度もお礼を述べられました。また「建築課から用紙*をもらってきました」（＊A市営住宅条例第12条「入居決定者は原則、連帯保証人2名の連署する請書を建築課に提出」が求められる）と、報告がありました。

「今から区長さん、民生委員さんにもお礼に伺います」。さらに、「他人にこんなに親切にしてもらったことは初めてです。相談がうまくいこうとダメであろうと最初から、お礼をしようと思っていました」と、コーヒー瓶詰めセットを置いていかれました。

　相談業務には相談者から、お礼の品物が届けられることがあります。双方の信頼関係、相談者の生活環境などを考慮、受け取ったり断ったりします。相談を受ける側の責任で判断します。これにも一定の経験が必要です。今回は受け取りました。そして後日、お米をお返ししました。

(21) 1月18日。筆者、区長宅と民生委員宅を訪問。お礼を述べ、晴久さんの入居継続を喜び合いました。

　民生委員の「今回のことは民生委員としても大変勉強になりました。今後もよろしくお願いします」との言葉が、印象に残りました。私の経験では、生活保護申請が事前に民生委員に相談されないと（例えば、市議会議員が市民に同行して福祉事務所に相談後、民生委員に相談する等）、不快感を表す委員に何度か出会いました。ところが、今回の民生委員の姿勢は、「勉強になる」だけではなく、建築課が出てくださいと表明しているのを承知で、「本人さんのためには今の住宅環境が一番です。どうにかして住めるようにしてあげたい」というものでした。市長への手紙差出人署名では、「人権擁護委員も担当していますので、この職名も書きましょう」と、市民の

生活を守る思いは一貫しており、大変積極的でした。民生委員制度の歴史、名誉職的側面、民生委員推薦委員会の仕組み（首長が民生委員推薦委員を委嘱する）などの課題はありますが、今回は民生委員の「人柄」を強く感じました。（参考　「民生委員法」を読まれることを勧めます。短い条文です。）

(22) 1月21日。晴久さんと筆者の2人で入居継続のお礼を述べに建築課訪問。建築課は山際職員が対応。

赤星－晴久さんの母親が建築課と約束したのはどの様なことだったのですか。

山際－本来は市営住宅から市営住宅の転入は認められていません（参考　この見解は条例違反）。どうしても晴久さんを母親宅に転入させてほしいと、母親からの文書が出ています。

赤星－そのお願いがなぜ今回、問題になったのですか。

山際－転入した人は、同居後1年以上経っていないと住めない条項があります。

　　　（参考　入居者が死亡した場合、死亡時に同居していた者が引き続き入居できない規定が、公営住宅法施行規則第11条第1項第1号「入居者と同居していた期間が1年に満たない場合」とある）

赤星－では、晴久さんはその条項に該当するのに、住むことを認められた理由を教えてください。

山際－（社団法人日本住宅協会『公営住宅の管理　平成19年度版』の79ページを示し）ここに「同居者が病気にかかっていることなど特別な事情が存在する場合には、上記に該当する場合（同居期間が1年未満）でも事業主体（A市）は承認することができる」（参考　前出規則同条同項第2号）に該当すると判断しました（私はこの説明を聞くまで、この規定を知りませんでした）。

赤星－いろいろありましたが建築課の職員さんは今回、いい仕事をされましたね。住宅に困ってひとつ間違えば、ホームレスになる市民の生活が守られたのです。これを教訓に、市民に喜ばれる仕事をお願

いします。

山際－決定まで時間がかかりました。病気について、人工透析や歩くことが厳しい人ならもっと早く判断したでしょう。福祉課が「山中さんは病気だから入居に配慮してほしい」と言ってもらわないと、建築課ではそこまでは分かりません。

赤星－行政の内部で福祉課だ、建築課だと話されるのは自由です。しかし市民からすればどちらも市役所です。双方で連絡し合い市民の生活を考えてもらわないと困ります。最初から弟さんも私も、晴久さんの病気について建築課に説明しましたよ。これ以上は言いませんが、今回の事例を通して市民の声を丁寧に聞いてもらい、何とかしてこの人の生活を守れないかという姿勢で仕事をされることを願っています。

山際－………。

●事例を通して考えたこと

　晴久さんは生活保護が受けられ市営住宅に引き続き住み、最低限の生活が維持できることになりました。もし晴久さんに長女、弟がいなかったら、あるいはいても疎遠であったら、また地域の区長や民生委員の支援がなかったらどうだったでしょうか。背筋に冷たいものが走ります。生活意欲は衰退、アルコールに溺れ路上での生活となっていたかもしれないのです。生命の危機を感じます。市民はある日突然、国の住宅政策による一片の通知で生命の危機にさらされるのです。瞬時に世界の動きが分かる近代国家と言われるこの日本で。私も晴久さんの生活支援の一部を担いました。この体験から教訓、課題を私なりに整理してみました。

① 晴久さんの生活が守られた要因

　最も大きな要因は、弟と長女の２人に晴久さんの生活を何としても守るという姿勢があったからです。率直に述べます。アルコール依存症暦20年以

上の生活実態は、本人をはじめ家族や身内にとっては悲惨なものです。2人はこの生活から目を逸らさず、逃げ出さなかったのです。特に弟は兄の生活を守るために身を粉にして働き、援助し続けてこられました。兄に対する弟の思い、愛情に頭が下がります。この2人の存在が決定的でした。本人1人なら、今日の状態はなかったと言っても過言ではないでしょう。

2点目は、住民の生活に目をむける人の暖かさ、絆が地域にあったからです。社会で認められた地位にある区長や民生委員は、あまり行政と対峙（対立）したくない立場（ある意味、職責と言えばそれまでですが）だと、私は考えていました。ところが、このお2人は地域住民の生活を何とかしたい、守りたいという意思を行政に鮮明に表明されました。この2人の意思表明は、A市の住宅行政に大きな影響を与えたと言えます。

3点目は、晴久さんの生活環境（居住）にあったのではと考えます。

晴久さんは病気の身です。入居中の市営住宅を出されれば直ちに住む所はありません。加えてA市建築課は、本人を退去させた後この住宅（部屋）への入居者募集を行わず、空室として放置することがはっきりしていました。甲市営住宅には空室があるのに入居者募集がされないことは、この住宅に入っている人はもちろん、地域住民の間では「なぜ建築課は空室にしておくのか」との疑問と不満が一般化しています。この生活環境で晴久さんを住宅から強制退去させれば、A市建築課は市民から大きな批判（この事実を私たちが、市民へ知らせることが必要です）、反撃を浴びることが想定されます。

4点目は、私が長年福祉行政に従事していたため、少しは行政内部に知識があることをA市は認識していたのではないかということです。しかし、職員、特に建築課職員の対応は冷たいものでした。相談を受けた私は、この問題を晴久さんと建築課の関係だけにしませんでした。ひとつの方法として、「市長への手紙」という制度を活用しました。それは口頭での要望から「文書」での要望でした。そうしてA市の住宅行政、市民の生活の社会問題化を目指しました。行政は文書などはっきり残る行為を嫌悪する傾向があります。また、手紙を受けた市長には、道理ある対応が求められます。建築課の態度が一変しました。隠しきれないと判断したのでしょうか。それまで黙っ

ていた国の通知を渋々、私たち（市民）に公表したのです。

② 支援における課題、反省点

　何とか晴久さんは生活を守ることができました。しかし、課題は残っています。

　最大の課題は支援する「関係職員・機関」の輪が拡がらなかったことです。これは私（赤星）の支援姿勢にも起因（1人で背負い込む）しています。また、地域の恒常的な生活支援の組織（生活と健康を守る会、多重債務者を支援する会など）が脆弱であることもあげられます。そして、具体的には次のような課題があると考えられます。

　1点目は、国の通知「入居者と同居していた期間が1年に満たない場合」の退去基準「同居者が病気など特別な事情のある場合は入居継続できる」の存在です。建築課が公表するまで私はこの通知を知りませんでした。知っていれば早い段階で解決したとも考えられます。また、国のこの通知を実施させない全国各地の運動経験を活用できたかもしれません。

　2点目は、晴久さんへの断酒支援が極めて不十分でした。社会福祉事務所の精神保健福祉相談員、精神科病院の医療ケースワーカーとの支援体制を作ることができませんでした。晴久さんは住宅に住めることで安堵されたのか、断酒会参加も止め、スリップ（再飲酒）されました。酒代は新聞の新規購読契約の景品、ビール券を使われたようです。

　3点目は、晴久さんの金銭管理です。今は弟さんが出納簿を付け管理され、大きな負担となっています。社会福祉協議会の地域福祉権利擁護事業の活用ができていません。活用できないか検討の依頼はしてありますが、進展していません。

　4点目は、甲市営住宅に入っておられる方から弟さんは、「山中さんは住宅に残れたが、私の場合、親が亡くなったら残れるだろうか」と、不安の声を聞いたそうです。晴久さん個人の問題から、市営住宅に住んでおられる方の不安解消、生活を守る取り組みに発展していないのです。

　5点目は、A市建築課の業務姿勢の改善です。建築課の晴久さんへの対応

は、市民への情報公開、市民の生活を守る姿勢に大きな問題がありました。この事例以降も市民から私に建築課の窓口対応について相談（市営住宅駐車場使用場所の移動申し出の件で、市民の要望を丁寧に聞かず、理由も説明せず「ダメです」の一点張り）が寄せられています。この取り組みもできていません。

●おわりに

　地域における社会福祉対人支援の実践事例を報告しました。学びの参考になりましたか。若い皆さんに知ってほしいのは、私達の生活している周りには誰かの助けを求めている人々が、沢山おられるということです。この人々の生活の場に出向いてください。どこに相談をしてよいのか分からず自暴自棄、生活意欲をなくしておられる人に出会います。一方でこの人達も含め、生活を守るため奮闘している人達にも出会います。

　今回の事例は、公営住宅からの追い出しを止めさせる支援でした。晴久さんの母親が建築課に書かされた退去誓約書は、A市だけの事例ではないのです。国の通知をもとに、全国で行われているのです。この悪政に国民は、生活を守るため黙ってはいません。

　東京都は都営住宅の使用継承は原則として配偶者に限る措置を、2007年8月25日から実施しています。東京都生活と健康を守る会連合会は、「15年前から名義人の養母介護のため同居していたが、9月に亡くなって手続きに行った（都住宅局に）ところ、『継承できない』と言われ、6か月までに退去するように誓約書も書かされた。子ども3人と夫婦の5人家族がたやすく入れる賃貸アパートは、なかなか見つからない」「遺族への思いやりもない。誓約書はただちに中止せよ」と、東京都と交渉（2007年12月16日・生活と健康を守る新聞）。この取り組みを反映したのか、「公営住宅で名義人が死亡した際のきびしい継承基準問題で、東京都は都営住宅で特例的に認めている高齢者や障害者の範囲を、現在よりも拡大する検討を始めました」（2008年2月6日・毎日新聞）と、生活を守る国民の運動も前進しています。

　ソーシャルワーカーも多くの国民と協同し、国民の生活を守り、生きる力

を育む支援の一翼を担います。この活動を通して多くの人々から学び、福祉職として成長、仕事のやりがい、喜びを実感します。ますます、人間が好きになります。社会福祉対人支援（ソーシャルワーク）は、「技術」ではありません。社会福祉対人支援に求められるのは、「生活苦、生きる意欲の喪失は社会構造から生み出される」との認識です。基礎学習が必要です。社会福祉の歴史、社会福祉を含めた諸制度、地域をはじめ社会資源、社会の仕組み、経済、政治などの学び、そして多くの人々との交流を持つことです。

　私が最も求めるものは、問題解決の困難を制度や社会情勢、当事者に転嫁せず、自らの仕事姿勢を振り返り、同僚・当事者などの批判に真摯に耳を傾ける姿勢です。

　若いみなさんの活躍を願っています。

＿＿＿ 市長 ＿＿＿＿＿ 様

市営住宅入居者の居住継続について（お願い）

　日頃は市民生活の活向上にご尽力をいただき、感謝申しあげます。
　さて、みだしのことにつきまして市長様にお願いのお便りをさせていただきました。
　私ども＿・区内にお住まいの「＿＿＿さん(54歳・＿市＿町＿ー＿.市営＿＿住宅＿棟＿号)」に関します、市営住宅居住継続についてのことです。
　＿＿＿さんは市営＿＿住宅(＿＿町＿丁目地内)に入居されていました。本人は病気(アルコール依存症)で働くことが難しく、生活に困窮しておられました。このため母親(＿＿＿＿さん)が入居されていました市営＿＿＿住宅＿棟＿号(＿＿町＿丁目地内)に同居、生活維持したく建築課に申し出をされました。そして本年3月頃建築課の許可の下、＿＿＿住宅＿棟＿号の母親宅に転入、母親と同居されました。この際建築課から、何らかの理由で母親が当住宅を退去した場合、＿＿さんが継続して＿＿住宅＿棟＿号に居住するには、「＿＿市長の承認が必要」との条件が附されたようです。この条件は、「母親との同居期間が1年以上」(公営住宅法施行規則)のようです。
　本年10月2日、母親は亡くなられました。直ちに建築課から、＿＿＿さん宅に、「同居期間が1年未満」として、「市営住宅から退去するように」との、連絡がありました。この件で＿＿さん(親族とも)と建築課の話し合いが行われたところ、「3ヶ月以内(本年12月末)に民間アパートなどに転居するように」との、建築課の見解が示されました。＿＿＿さんは、母親の死亡による悲しみに加え、市営住宅に住めない不安、戸惑いを持たれたようです。本心は市営住宅に住み続けたいが建築課からの話なので、親族らにお願いしアパート探しを始められました。訪ねた10以上の不動産関係者からは、＿＿さんの病気のことを話すと「入居は難しい」との対応ばかりで、民間アパートへの入居は難しい現状のようです。なお＿＿＿さんは、本年11月上旬から生活保護を受給しておられます。
　その後建築課に、民間アパートへの入居は難しいこと、生活保護受給になったことなどから、市営住宅への居住継続のお願いをしました。特に生活保護世帯は年齢が60歳に達していなくとも単身者として市営住宅申し込みの資格があるので、他の市営住宅入居(抽選)の申し込みを行いたいこと、また＿＿＿＿住宅は空室があっても入居申し込み募集が中止されているので、このまま居住継続を検討くださるようにお願いしました。
　建築課の見解は、通常退去に係る猶予期間は49日くらい(既存入居者死亡の場合)であるが、配慮して3ヶ月と延長している。他の市営住宅への入居申し込みは、市営住宅を出て知人宅などに身を寄せて行って下さい。またアパートが見つかるまでと居住を1度、2度と延長すると、ズルズルと退去が伸びてしまうので好ましくない等が示されました。
　以上の経過(現状)と次の理由から、＿＿＿＿さんを＿＿＿住宅＿棟＿号に今後も、居住できるよう配慮下さるようにお願いするものです。

記

1.＿＿＿＿さんは生活保護を受け生活しておられます。民間アパートへの入居は病気のこともあり難しい現状です。市営住宅を退去すれば住む所がないのが現実なのです。＿＿さんのこの現状は、公営住宅法第1条（法の目的）「国及び地方公共団体が協力して、住宅を整備して、これを住宅に困窮する低所得者に賃貸し、国民生活の安定と社会福祉の増進に寄与すること」に、該当するのではないでしょうか。

２．また、＿＿市営住宅条例（以下「条例」と略）第５条には、「市長は、公募を行わず市営
住宅に入居させることができる」とし、その条件の一つとして「既存入居者又は同居者の
世帯状況及び心身の状況をみて」と定められています。
　　　＿＿さんの生活状況は、この条件（考え方）にも該当するのではないでしょうか。
３．さらに、同条例第９条第１項第６号「現に住宅に困窮していることが明らかな者」は、
同条第５項「低所得者で速やかに市営住宅に入居を必要としているものについては、市長
が割当てをした市営住宅に優先的に入居させることができる」と定められています。
　　　この定めも（考え方）また、＿＿さんの生活状況にも該当すると思われます。
４．次に建築課が＿＿さんに退去を求められています理由、「入居者の死亡、退去した場合、
同居者が引き続き居住を希望するときは、公営住宅法施行規則第 11 条で定めたところに
より、市長の承認を受けなければならない」（条例第 14 条）の条件の一つ、「入居者と同
居が１年以上」と、国が示していることに該当しているようです。確かに、＿＿さんは母親と同
居されてから１年未満です。しかし＿＿さんは前述の通り、同居前は＿＿市の市営住宅（＿
＿＿丁目地内）に入居されていました。病気で生活維持が困難となり、同じ＿＿市の市営住
宅（＿＿町＿丁目地内）に転入（同居）されました。「同居１年未満」の規定着目だけではなく、
この経緯について深くご賢察くださることをお願いします。
５．＿＿市営住宅の有効活用等について
　　建築課の説明によりますと、＿＿市営住宅は今後新しく建て替えるのか、どう活用する
のか検討中（結論を得る時期は未定）とのことです。そのためこの数年間は空室が出ても、
入居の募集は中止されているとのことです。この現状から、＿＿さんが退去されたと仮定して
みてました。そうしますと、次のようなことが考えられるのではないでしょうか。
　　一つは、市営＿＿＿＿住宅＿棟＿号の居室は、誰も（市民が）住まない空室となります。これ
は＿＿市の財産の有効活用とは言えないのではないでしょうか。＿＿さんの居住継続は有
効活用になると思います。
　　二つ目は、＿＿さんは生活保護の住宅扶助を受けておられます。住宅扶助費月額　３千
数百円（市営住宅家賃額）ですが、仮に民間アパートに入居すれば家賃月額は３万６千円
（住宅扶助費単身者上限額）近く、現行の住宅扶助費の 10 倍以上となります。これは＿＿
市の財政負担が 10 倍増加することになります。これは市政運営方針、「最小の経費で最大
の効果」に合致しないのではないでしょうか。

　　以上、細々と述べさせていただきました。伝聞による内容、条例等の解釈の不慣れによる不
正確なことにつきましては、ご容赦をお願い致します。なにとぞ＿＿＿＿さんの生活実態をご
理解いただきまして、市営＿＿＿＿住宅＿棟＿号に引き続き居住できますよう、重ねてお願い申
し上げます。
　　激務の日々と推察いたします。健康にご留意いただき、益々のご活躍を願っています。

2007 年 12 月 4 日

＿＿市＿＿町＿＿＿＿
＿＿＿＿＿＿＿（＿＿区長）

＿＿市＿＿町＿＿
＿＿＿＿＿＿（民生委員・人権擁護委員）

＿＿市＿＿町＿＿
赤星　俊一（元＿市社会福祉事務所職員）

第2話

生活保護行政の根底に流れる劣等処遇の原則
—A市の実態から—

❀ ❀ ❀ ❀ ❀

　時折、生活保護行政の暗部、その実態の一部がマスコミに露呈します。最近では、次のものが目にとまりました。

- 埼玉県加須市「『生活保護不正受給の徹底排除をめざして特別対策を実施しています』。福祉課長は『張り紙は20枚、保護相談室、通路、廊下、入り口に掲示。指示したのは自分』。調査のために、『張り込み等』も行っている。『市長が張り紙は外せと言っても、自分は外さない』と強硬な姿勢で『張り紙は不正受給の抑止力』になるとも言いました」（2017年3月26日「生活と健康を守る新聞」抜粋）。
- 三重県鈴鹿市「生活保護の申請を受け付ける際、別人への誤支給などを防ぐためとして一部の申請者の顔写真を撮影していたことが取材で判明した。顔写真付きの身分証明書を持っていない場合に限り、申請者の同意を得たうえで、主に市役所内の個室や申請者の自宅で撮影していたが、他の来訪者が居る窓口で撮影したこともあった」（2019年2月21日「毎日新聞」抜粋）。

　こうした報道のたびに、国民から批判の声が上がります。ですが、残念な

ことに生活保護行政（以下、「保護行政」）の根底には、基本的人権侵害が存在し、蠢いているのです。国民には見えにくくあまり表面化しない、この実態の告発と是正に、運動団体（当事者）、研究者、弁護士、社会福祉従事者などが取り組んでいます。しかし現状では、多くの国民がこのことを知る機会はあまりないのです。

　厚生労働大臣は保護行政について、「生活保護、まさに最後のセーフティネットであります。保護を受給することへの偏見をなくし、本当に真に保護を必要な方、確実に保護利用、適用が重要であります。実際、生活保護の窓口では、きめ細やかな面接・相談を行う、こういうこととともに、生存が危ぶまれるような窮迫した状況の場合は、申請をせずとも保護を行う、こういうこともさせていただいております」（2018年2月5日「衆議院予算委員会厚生労働大臣答弁」抜粋）、と述べています。当然です。「本当に真に保護を必要な方」の発言を除けば。

　大臣の発言、「本当に真に保護を必要な方」の意図は、何でしょうか。生活保護法は、「すべての国民は、この法律の定める要件を満たす限り、この法律による保護を、無差別平等に受けることができる」（第2条）としており、保護利用に特段の「本当に真に」の要件はありません。担当大臣です。「無差別平等」を知らないはずがないのです。ではなぜ、「本当に真に」を強調するのでしょうか。大臣は、旧生活保護法の欠格事項、「能力があるにもかかわらず、勤労意欲のない者、勤労を怠る者、その他生計維持に努めない者、素行不良者」を、現行法にも遠回しに求めているのではないか、と思えるのです。

　具体的には、生活困窮者を「懸命に頑張って、頑張ったが、生活が苦しくなった人」と、「今までの生活に努力が足らない人」とに選別し、生活保護申請者（利用者）には、納税者の理解が得られる生活姿勢と水準を求める「劣等処遇の原則[＊]」が潜んでいると言えます。そして、その認識は保護行政の現場にも内在しています。

　＊「劣等処遇の原則」とは、1834年の英国新救貧法制定に伴い、救貧行政の全

国統一の原則、劣等処遇の原則（被保護者低位の原則）、労役場制度という新たな法運営の原則が確立された。劣等処遇の原則とは、労働能力のある貧民の救済は、独立自立している労働者の最低階層の労働・生活状態より実質・外見とも低いものでなければならないという原則であった。劣等処遇という用語は、この原則を嚆矢として、その後差別的かつ劣悪な処遇水準を意味する用語として、一般的に使用されるようになった（庄司洋子他編『社会福祉辞典』弘文堂・抜粋）。

●生活保護費の返還請求は行わないでください

　福祉事務所の事務誤りによる生活保護費過支払いが、全国各地で発生しています。私の住むＡ市福祉事務所（以下、「Ａ市」）でも、「生活保護費の障害者加算について、2014年10月〜17年8月、5世帯に計155万円余りを過大に支給したと発表しました。市は対象者に謝罪のうえ、困窮に至ることのないよう留意しながら返還を求める。誤支給は1世帯あたり約14万6千円〜52万円9千円」（2017年9月8日「中日新聞」抜粋。報道ではＡ市は実在市名）との報道がありました。

　事実を知った私は知人とＡ市に、「過払いは、市の事務誤りが原因で発生しています。該当生活保護世帯には全く責任がありません。返還を求めることは、Ａ市の事務誤り（責任）を生活保護世帯に転嫁することになります。仮に、生活保護世帯が返還すると、生活保護法に定められた最低限度の生活保障を下回ることになります。結果、行政の責務である国民への最低生活の保障を、行政自らが侵害することになります。返還請求は行わないでください」と文書で申し入れました。

　その後、社会保障関係団体等とともにＡ市に、「過誤支払い返還決定を一旦凍結、検証についての申し入れ書」を2回（Ａ市文書回答2回）、懇談8回、この件に関する情報公開請求を行いました。

　しかし、5世帯への過誤支払い保護費は、「返還額1,552,435円−返還免除額285,178円＝返還請求額1,267,257円」と決定されました。結果、毎月、

数百円、数千円を、20年以上返還し続けなければならない世帯もあるようです（「できる範囲で返してもらっています。数百円とか。これも待ってくれ、と言われる方もあります。生存中には全額返還できない方もあると思います」2019年3月28日「懇談での職員発言」）。

　A市とのやり取りで、A市の保護行政の根底には「生活保護利用者（以下、「保護利用者」）を利用していない市民より下に見る、人権無視の認識が存在している（劣等処遇）」ことを具体例を挙げ指摘しました。ですが、A市は最後まで「下には見ていません」とかたくなでした。怖いのは、「元々、生活保護はそのような制度」との認識が、保護行政（職員）に潜在しているのではないか、と感じられたことです。その実態をA市の今回の過誤支払いから検証しました。

●行政責任希薄の証し「お詫びと生活保護決定通知書」

　A市は、「生活保護法第63条に基づく生活保護費の返還について（通知）」（以下、「63条決定通知書」）を、対象者に送付（別添1）しました。

　その内容は、「このたび障害者加算の誤認定に関し、ご迷惑をおかけしたことを深くお詫び申し上げます。つきましては、下記のとおり返還金額を決定しましたので、返還をお願いします」でした。行政の事務誤りで市民に多大な迷惑をかけた場合、最初に「お詫び」を行うのが常識です。しかし、「お詫び」と「63条決定通知書」が同一文書なのです。これでは、A市の事務誤りに対する責任も謝罪の姿勢も伝わりません。

　対象者に知らせるべき、理解を求めるべき事務誤りの原因については、単に「障害者加算の誤認定」のみで、内容の具体的な明細、説明は一切ありません。あるのは、「返還金額」、「決定理由」、「納付方法」の記載のみです。

　受け取った対象者は、A市が障害者加算の内容をどのように誤り、間違った金額がどのくらいの期間支給され、返還額がどのように変更決定されたのか、全く分かりません。

　私たちが情報公開条例に基づき情報公開請求で確認できた内容によると、

ある対象者への過誤支払いの原因は、「保護開始時より障害年金 2 級を受給していたため、本来であれば障害者加算等級 3 級の障害者加算 15,090 円（注・月額）を支給すべきところ、誤って加算等級 1・2 級の障害者加算 22,630 円（注・月額）を保護開始当初から支給していた」ということでした。誤って支給していた期間は、「平成 28 年 1 月～ 29 年 8 月」です。

　通常、行政の事務誤りが原因で市民に公金の返還請求を行う事務は、まず、誠意あるお詫びの文書を、併せて、事務誤りの内容の分かる明細等を記載（例えば、事務誤りの原因。今回の場合は、障害者加算認定を××××と誤り、加算月額○○○○円と認定すべきところを、○○○○円と誤り、○○○○円多く支給。誤った支給期間は、平成○○年○○月から平成○○年○○月の○○か月分。計○○○○円）した決定通知書を市民に通知します。

「63 条決定通知書」について私たちは、「過誤支払いに責任を重く認識しているのか疑問」、「謝罪と各人に事務誤りの理由など内容の分かる明細書を交付すべき」と A 市に申し入れました。A 市の見解は、「今後改善していきたいと考えています」（2018 年 4 月 19 日「文書回答」）、「本件同様の案件が今後発生した場合には、文書によるお詫びをいたします」（2018 年 8 月 28 日「文書回答」）だけです。再検討し反省し、文書によるお詫び、事務誤りの内容を記した新たな 63 条決定通知書の発出は行わないのです。

　63 条決定通知書の事務執行の根底には、「対象者は保護費（税金）で生活しているから『事務誤り』には『何も言ってこない』」と保護利用者を下に見る意識が確かにあります。「深く反省するとともに、生活保護受給者の皆様並びに市民の皆様に心よりお詫び申しあげます」（2017 年 9 月 7 日 A 市「報道提供資料」）は形式的なお詫びです。それは、以下に述べる A 市税務課による市民税課税事務誤りへの事務対応と比べれば明らかです。

　市民税課税事務の誤りは、「A 市などは 21 日、株式の配当などにかかる住民税の算定にミスがあり、追徴課税や還付が必要になったと発表した。税法の関係規定が変わった 2005 年以降に各自治体の担当者が解釈を誤ったのが原因だという。追加徴収は全市町の合計で 58 人の 68 件分、計 1,568,850 円。還付は 42 人の 66 件分、計 645,600 円。各市町は今後対象者世帯を戸別訪問

し、追徴課税や還付を行う」(2018年12月22日「中日新聞」抜粋。報道ではA市は実在市名) というものです。

　この事務誤りにA市 (税務課) は対象者に、「上場株式等の配当に係る配当所得等に関する個人住民税の算定誤りについて (お詫び)」の文書 (別添2) と、これとは別に「所得及び所得控除」、「課税標準額及び税額」に関する「変更前の額」「変更後の額」を記載した「市県民税税額変更 (決定) 通知書」(別添3) を送付しました。これが通常の行政事務です。

「63条決定通知書」と「市県民税税額変更 (決定) 通知書」の内容を比べると、「63条決定通知書」は、保護利用者へ保護費返還を求める一方的な、単なる通告文です。保護利用者への「人格無視」の行政姿勢です。

　A市の保護行政の問題は、63条決定通知書だけではありません。他にも人格 (人権) 無視の事務執行が横行しています。そもそも生活保護法は「この法律は、日本国憲法第25条に規定する理念に基き、国が生活に困窮するすべての国民に対し、その困窮の程度に応じ、必要な保護を行い、その最低限度の生活を保障するとともに、その自立を助長することを目的とする」(第1条) と定めています。行政はこの根幹を理解していませんでした。

●保護利用者の人格 (人権) を無視した保護行政

① 「保護利用者は不正受給する」が前提

　A市には埼玉県加須市のような、「生活保護不正受給の徹底排除」の張り紙はありません。加須市の張り紙は「突出」しています。しかしA市にも加須市の「張り紙」と同じ水脈が内在しています。

　A市は、過誤支払い保護費の返還を求める事務として、金融機関へ対象者の手持ち金 (預金) 調査を行いました。対象者の了解も得ず、「同意書」(生活保護申請時等に福祉事務所が、要保護者の資産や収入状況を金融機関等の関係先に調査することへの同意を求める文書) を一方的に「悪用」したのです。

　この調査について、「年1回、4月に資産申告書の提出を求め、資産 (預金等) を調査しているから、金融機関の調査は行わなくても、手持ち金の把握

はできていると考えます」と質すと、「（資産申告書で）通帳は確認していますが他の通帳にお金があって、それを（資産申告書提出時に）提出されないと、手持ち金の額は分からないから調査は必要です」（2017年10月3日「懇談での職員発言」）と職員は述べました。「保護利用者は不正受給する」という前提で、金融機関に対象者の「預金捜査」を行ったのです。

　生活保護法は、「保護の決定若しくは実施に必要がある場合には職員に『要保護者宅への立ち入り調査』を行うことができる」と第28条第1項で定めています。同時に同条第4項で、「立ち入り調査は『犯罪捜査のために認められたものと解してはならない』」と、行政に要保護者の人権尊重を厳しく求めています。A市の金融機関調査は、保護利用者への「人権尊重」を無視しただけでなく、第28条第4項の趣旨に反しています。
「不正受給」発言について、「生活保護利用者は『不正受給を行う』を前提とした、保護利用者の人権を無視した行政姿勢です」と文書で2回申し入れると、A市は「適正な保護を確保するための必要な措置であり、決して不正受給を前提とした生活保護利用者の人格を否定するものではありません」（2018年8月28日「文書回答」）との見解を示しました。人権無視の保護行政追認の姿勢を堅持しています。

② 厚生労働省通知を「無視」

　A市は、「不正受給」発言だけではありません。厚生労働省通知の無視をはじめ、恣意的な保護行政を行っています。

（1）保護利用者への聴取もなく一方的な預金調査

　過誤支払いで手持ち金などの調査が必要と認識するのであれば、A市は第一に対象者を訪問し、過誤支払いを謝罪し、事務誤りの内容を丁寧に説明すべきです。理解が得られた後に手持ち金調査と法第63条「返還免除」の関係について説明し、これらも理解が得られた後に「手持ち金の額」の申し出のお願いをすべきです。しかし、手持ち金調査についての説明はもちろん、厚労省保護課長通知（通称・123号通知＊）に示されている対

象者への「訪問調査」や「収入申告書等の提出依頼」を行っていないのです。

「（厚労省通知）123号通知による金融機関調査は、対象者への『訪問調査』と『収入申告書等の提出』の結果、『提出資料などによる収入の不明な点が残る場合』には、『金融機関に報告を求める』です。Ａ市は、訪問調査も収入申告書の提出も求めていません。なぜ、123号通知に反して金融機関調査を一方的に行ったのですか」と質すと、「（123号通知の内容について）そこまでは承知、勉強していませんでした」（2018年2月5日「懇談での職員発言」）と職員は述べました。

　厚労省通知には目も通さず、内容を承知していない、この保護行政のどこに文書回答「適正な保護を確保するための必要な措置」の実態がありますか。この事実が保護利用者を「下に見ている証」です。無責任です。これは保護行政の実態の一部であり、市民の知らない現実なのです。

(2)　保護利用者には寄り添わない、厚労省通知「返還免除」は知らせない

　　突然、ケースワーカーから「あなたの保護費を払い過ぎていました。3

年間遡って返してください」と（訪問や電話で）聞かされた人は、どのような気持ちになるのか、想像すればすぐ分かります。毎日、ギリギリの生活を送っている保護利用者は、当然、戸惑い、生活不安に陥るでしょう。このような保護行政は絶対避けなければなりません。

　厚生労働省は「要保護者の立場や心情を理解し、その良き相談相手であること」として、「要保護者には相談にのってくれる人がいないなど、社会的なきずなが希薄で、不安感、疎外感を持って生活している場合も多い。したがって、ケースワーカーはそうした要保護者の立場や心情をよく理解し、懇切、丁寧に対応し、積極的にその良き相談相手となるよう心がけなければならない」（2009年3月31日付け厚労省社会・援護局保護課長事務連絡「生活保護問答集について[*]抜粋）と事務連絡しています。当たり前の見解です。

　A市はこの事務連絡はもちろん、保護利用者の心情に全く配慮せず、保護費返還請求の事務を最優先しました。過誤支払い保護費についての厚労省通知「返還免除」の説明はおろか、検討さえ行いませんでした。

　　＊生活保護手帳別冊問答集・問13－5・法第63条に基づく返還額の決定（答）(1) 原則として当該資力を限度として支給した保護金品の全額を返還すべきである。(2) 保護金品の全額を返還額とすることが当該世帯の自立を著しく阻害すると認められるような場合については、次の範囲内においてそれぞれの額を本来の要返還額から控除して返還額を決定する取り扱いとして差し支えない。（ア、イ、ウ略）エ　当該世帯の自立更生のためのやむを得ない用途にあてられたものであって、地域住民との均衡を考慮し、社会通念上容認される程度として実施機関が認めた額。

　過誤支払い対象者の選定を完了した2017年8月22日、対象者に「謝罪と経緯を説明」しています（2017年9月7日A市回議書「生活保護障害者加算の認定誤りによる保護費誤支給の顛末について」にその文言記載あり）。

　情報非公開のため具体的な内容は分かりませんが、「返還免除を行うと逆に市民から訴えられることも考えられます」（2017年9月11日「懇談での職員

発言」)、「当月分（2017年9月分）の保護費が一部返還対象となるため、取り急ぎ返還の可能性がある旨を伝えました。その後に改めて過支給となった経緯の説明をし、併せてヒヤリングシートを活用し生活状況等を聴取しながら自立更生・返還免除の適用について説明をさせていただきました」(2018年4月12日「文書回答」)に驚き、あきれました。

　とにかく保護費返還を最優先しており、法第63条の「（返還対象）額の範囲内での実施機関の定めた額[*]」の検討さえしていません。法第63条は、過誤支払い保護費の全額返還を求めていません。「実施機関の定める額」とは、「全額返還をさせることが不可能、或いは不適当である場合もあろうから、額の決定を被保護者の状況を知悉しうる保護の実施機関の裁量に任せたものである」(厚生省大臣官房総務課長・小山進次郎『生活保護法の解釈と運用』中央社会福祉協議会)なのです。「返還免除を行うと市民に訴えられる」との認識は、言語道断です。

　　＊（費用返還義務）生活保護法第63条「その受けた保護金品に相当する額の範
　　　囲内において保護の実施機関の定める額を返還しなければならない」

「謝罪は責任ある職員2名以上で訪問し、文書で、自立更生の内容も丁寧に説明すべきと考えるが、どのように行われたのですか」と質すと、「2人で口頭にて行った。（保護費を）返還してもらうことは伝えた。自立更生は言わなかった」と、法第63条「保護費返還免除」について説明していないのです。「それでは返還は（全額）当然しなければならないと（対象者には）受け取られる。本当に謝罪する姿勢なら自立更生をきちんと説明すべきです」には、「法が返還を求めることになっている。自立更生を言うと（返還免除を）期待されるので言わなかった」(以上、2017年11月27日「懇談での職員発言」)。「誤って加算計上した場合は、自立更生免除については慎重に対応する必要があり、不用意に自立更生免除の話をし、返還対象となった方々に混乱を招かぬよう配慮しました」(2018年8月28日「文書回答」)とも。

　これらの職員発言文書回答は、A市の誤った、不誠実な行政執行を証明するものでした。後日、A市自身がその誤りを認めているのです。

「2018 愛知自治体キャラバン請願・陳情項目（アンケート）」での、「行政側のミスによる過誤払いが発生した場合は、生活保護利用者に返還を一方的に求めないでください」に対しＡ市は、「過誤払いは本来あってはならないことですが、万が一そうしたことが発生し返還を求める必要がある場合、まずは自立更生による免除の可否を検討します」と文書回答（2018 年 9 月 15 日）しました。

自治体キャラバンとＡ市との懇談（2018 年 10 月 25 日）で、「昨年発生したＡ市の過誤支払いでは、初めから保護費の返還を求め、『自立更生を期待されるから』と返還免除の説明を行っていません。この回答は事実に反する回答です」と質すと、「知識が不十分で誤った対応をしました。今は回答の対応としています」と職員は述べました。では、これまでの懇談での職員発言や文書回答は何だったのか。誤りだったのです。無責任の極みです。しかし、これだけではないのです。

③ 保護利用者の権利擁護への認識は希薄、欠落

保護利用者への人格（人権）無視は、職員発言から多く露呈しました。
「公務員の仕事は、市民全体へ奉仕することでしょう。保護利用者、市民は不正を行う、との認識で仕事をしているのですか」と質すと、「不正受給防止も市民への奉仕だと思います」と答えます。
「生活保護法の目的を考えてください。市民の生活保障と自立助長でしょう。『生活に困る市民のみなさん、相談してください、生活保護があります』となぜ市民に広報しないのですか」には、「わかりません」と言いました（以上、2018 年 1 月 9 日「懇談での職員発言」）。

また、「自治体キャラバンでは、『（63 条返還免除の）知識が不十分で誤った対応をした』との発言から、Ａ市の保護行政には返還免除の認識がないのか、極めて希薄だったのです」と質すと、「免除を最初に話すと期待され、（免除が）できるものと受け取られ、外れると落胆されるので免除を前提には説明しません。過誤支払いについての免除の幅は狭いのです」と言います。「介護利用の立て替え払い以外、免除の幅が狭い広いはありません。基本は自立

支援です。ケースワーカーは常に利用者に寄り添い、信頼関係を築き、生活実態を把握することが求められています」には、「信頼関係のある人には話す場合もありますが、（免除該当を）探すことはありません」とのことです。

さらに「免除を積極的に説明し、自立支援すべきです」には、「でも、市民のなかには保護を受けずに頑張っている人との不公平がでないよう、税金を払っている人との」と発言。「問題のある発言です。発言は保護利用者を下に見ている現れです」と批判すると、「返還免除の話だからそう言ったのです。あくまで貧困というか、生活に困っている人達がいるので中立、公平に、と言ったのです。下には見ていません」と（以上、2019年2月28日「懇談での職員発言」）。その後、職員は、「市民のなかには保護を受けずに頑張っている人…」の発言は取り消しました。

職員発言のどこに、保護利用者の権利擁護への認識がありますか。明らかに保護利用者を下に見た保護行政の姿勢です。

●おわりに

日頃のＡ市生活保護行政に、埼玉県加須市などのようにマスコミに登場するような人権侵害を目にすることはありません。しかし、保護費過誤支払いについて、市民や福祉関係団体などによる「返還請求を求めない」、「返還決定はいったん凍結、検証」の文書申し入れとその際の行政担当者との懇談から、その根底にある「保護利用者を下に見る」認識の存在が明らかになりました。声を上げなければこの保護行政の実態は、市民には気づかれないし、私たちは気づけなかったでしょう。

これはＡ市だけではなく、多くの保護行政に内在しているのではないでしょうか。その背景には、労働者派遣法の施行（1986年7月）もあり、労働者の雇用形態が、パート、契約、嘱託、派遣などの非正規労働者に大きく転換され、社会全体に雇用不安・生活不安が拡大したことがあるでしょう。そして、「自己責任」の認識が浸透し、拡大したこともあるでしょう。

さらに、憲法第25条とは相容れない、「社会保障制度改革推進法」の施行

（2012年8月）では、社会保障制度改革の「基本的な考え方」として「自助、共助及び公助が最も適切に組み合わされるよう留意しつつ、国民が自立した生活を営むことができるよう、家族相互及び国民相互の助け合いの仕組みを通じて実現すること」（第1条第1号）に加え、「生活保護制度の見直し」として「不正な手段により保護を受けた者等への厳格な対処、生活扶助、医療扶助等の給付水準の適正化、保護を受けている世帯に属する者の就労の促進その他必要な見直しを早急に行う」（附則第2条第1号）とまで定め、この方向を推進し、世論誘導していることも大きく影響しているでしょう。

　社会環境は生活保護行政や生活保護ケースワーカーにも大きな影響を与えます。特に若い職員はこうした社会環境を通し成長し、仕事に就きます。経験豊富な同僚に出会うことも少なく、事務ワークに追われ、保護利用者の生活実態へ思いを寄せる余裕はなく、交流も難しい日々。これでは、仕事への展望は生まれません。わずか2年、3年の経験で他部署へ異動させられます。結果、A市のような保護行政が『普通』になるのです。*

　　＊A市、ケースワーカー8名の経験年数・1年6か月（2017年愛知自治体キャラバンアンケートへのA市回答。ケースワーカーの平均年齢25歳（2017年9月10日生活保護担当課長発言）。

　私はこの『普通』の流れに激しい憤りを抑えられないのです。私の故郷は熊本の農村地帯です。戦争の終わった3年後、小学校に入学しました。この時代、特に忘れられないのは、食べる物がなかったことです。農村ですから米は作っていましたが、戦後の食料難で収穫した米は強制的に国に供出させられ、家にはほとんど米は残っていなかったのです。ある時、学校に弁当（麦、粟、芋など）を持って来られない友達に、先生が家からサツマイモを持って来られました。数日後、先生は私たちの前で「ごめんなさい、明日からサツマイモを持って来られません」と頭を下げられました。先生の家にも食べ物はたくさんなかったのです。この時の記憶は薄れることなく私の中にあり、弱者を支えない『普通』の流れが許せないのです。

　では、この『普通』の流れに抗うにはどうすればいいのか。現実の保護行

政に流れる劣等処遇の原則、この実態を多くの人に知ってもらい、異を唱える。そのためには小さくとも、声を上げ続けるほかありません。それは、長く生活保護行政に従事した私でもできることではないか。本来、生活保護ケースワーカーの仕事は、憲法第25条を基本に、相談者に寄り添い支えること。これが『普通』なのだと、これからを担っていく人達に繋げていくこともまた、従事した者の責務ではないか。この思いでペンを取りました。

　一方、憲法第25条の理念を実践している福祉従事者もいます。「学校を卒業したら、どんなことがしたいですか？　進学や就職を考えている人や、将来のことがわからない人もいると思います。家庭の事情で将来の夢を諦めないでほしい。あなたの未来にはたくさんの夢があります」と生活保護世帯の中高校生を応援している大阪府堺市生活保護課の『中高生向け　未来応援BOOK』。生活困窮の市民を「住民税が滞っていれば固定資産税や国保税を納められず、水道料金や給食費も滞納している可能性もある」と丸ごと受け止め、生活を支援する滋賀県野洲市の『債権管理条例』（ようこそ滞納していただきました条例）。彼らにも背中を押されました。

別添1

■■■■■　様

■■市社会福祉事務所
所長　■■■■

生活保護法第６３条に基づく生活保護費の返還について（通知）

　このたび障害者加算の誤認定に関し、ご迷惑をおかけしたことを深くお詫び申し上げます。
つきましては、下記のとおり返還金額を決定しましたので、保護費の返還をお願いします。

記

1　返還金額　：　１１８，５５９円（返還対象額 123,559 円－控除額 5,000 円）
2　決定理由　：　障害者加算過支給分返還のため
3　納付方法　：　別途発行する納入通知書により納付

（１）　この決定に不服があるときは、この決定があったことを知った日から起算して３か月以内に、
　　　　愛知県知事に対し審査請求することができます（なお、決定があったことを知った日の翌日か
　　　　ら起算して３か月以内であっても、決定があった日の翌日から起算して１年を経過すると審査
　　　　請求をすることができなくなります。）。

（２）　上記(1)の審査請求に対する裁決を経た場合に限り、その審査請求に対する裁決があったこと
　　　　を知った日の翌日から起算して６か月以内に、■■■■を被告として（訴訟において■■市を代
　　　　表する者は■■市長となります。）この決定の取消しの訴えを提起することができます（なお、
　　　　裁決があったことを知った日の翌日から起算して６か月以内であっても、裁決があった日の翌
　　　　日から起算して１年を経過すると決定の取消しの訴えを提起することができなくなります。）。
　　　　ただし、次の①から③までのいずれかに該当するときは、審査請求に対する裁決を経ないでこ
　　　　の決定の取消しの訴えを提起することができます。①審査請求をした日（行政不服審査法（平
　　　　成 26 年法律第 68 号）第 23 条の規定により不備を補正すべきことを命じられた場合にあっては、
　　　　当該不備を補正した日）の翌日から起算して 50 日（50 日以内に行政不服審査法第 43 条第３項の
　　　　規定により通知を受けた場合は 70 日）を経過しても裁決がないとき。②決定、決定の執行又は
　　　　手続きの続行により生ずる著しい損害を避けるため緊急の必要があるとき。③その他裁決を経
　　　　ないことにつき正当な理由があるとき。

（３）　この決定は資産状況や生活実態、世帯の自立助長等事情に応じて分割納入による返還ができ
　　　　ます。分割納入を希望する場合は、履行延期申請書を提出してください。

（備　考）

生活保護法第６３条
　被保護者が、急迫の場合において資力があるにもかかわらず、保護を受けたときは、保護を要する
費用を支弁した都道府県又は市町村に対して、すみやかに、その受けた保護金品に相当する金額の範
囲内において保護実施機関の定める額を返還しなければならない。

別添2

████████　様

████ 市 長 ████████

上場株式等に係る配当所得等に関する個人住民税の
算定誤りについて（お詫び）

　日頃は、████市政にご理解とご協力を賜り、誠にありがとうございます。
　この度、上場株式等に係る配当所得等に関する個人住民税額の算定方法に誤りがあることが判明し、貴殿の個人住民税を過小に徴収していたことが分かりました。貴殿におかれましては、多大なるご迷惑をお掛けしましたことを深くお詫び申し上げます。

　算定誤りの原因については、住民税納税通知書到達後に確定申告書が提出された場合、その確定申告書に記載された特定配当等に係る所得及び特定株式等譲渡所得は住民税の算定において算入できない（※）こととされていますが、職員の法令解釈が不十分であったため、誤って算入してしまっていたものです。
（※）平成15年に「上場株式等に係る配当所得等」に関する地方税法の関係規定が創設され、平成17年度課税分から「上場株式等に係る配当所得等」に関する確定申告書の提出された時期が、住民税の納税通知書送達後であるときは、住民税の税額算定に算入できないことが定められました。

　つきましては、適正な税額に修正させていただきたく、修正後の税額は別添のとおりとなります。平成31年2月上旬に、納付書及び税額変更通知書をお送りいたしますので、恐れ入りますが、2月28日（木）までに記載の額を納付くださいますようお願いいたします。
　今後、このような誤りを起こさないよう、再発防止に取り組んでまいりますので、何卒ご容赦賜りますようお願い申し上げます。

```
████役所総務部税務課
市民税担当　████・██
電話　████-██-████
```

別添3

平成28年度（平成26年度分）
市県民税税額変更（決定）通知書兼
公的年金特別徴収決定（中止）通知書

あなたの納めていただく市県民税は下記の事由により更正しましたので通知します。

██████████

██████████

████ 様

|ᚋᚊᚋᚔᚋᚊ•••ᚊᚋᚔᚋᚊᚋᚊᚋᚔᚋᚊᚋᚔᚊᚋᚊᚋᚔᚋᚊᚋᚊᚋᚔᚋᚊᚋᚊᚋᚔᚋᚋᚊᚋᚊ|

◎決定又は変更理由

その他（算定誤りによる修正）

平成31年 2月 5日

████県████市長

◎所得及び所得控除 (円)

区分	変更前の額	変更後の額
給与収入金額	██████	████
給与		
営業等		
農業		
肉用牛		
不動産		
利子・配当		
公的年金等		
雑 その他		
総合譲渡・一時		
総所得	██████	████
分離短期譲渡		
分離長期譲渡		
山林・その他		
雑損・医療費		
社保・小規模	████	
寄附金		
地震保険料		
生命保険料	██ ██	
障・老・寡・勤	██	
配偶者控除		
配偶者特別控除		
扶養控除		
基礎控除	███	██
控除合計	██ ██	

◎課税標準額及び税額 (円)

区分	変更前の額	変更後の額
総所得		
短期譲渡		
長期譲渡		
山林・その他所得		
総所得 市民税		
県民税		
分離短期譲渡所得 市民税		
県民税		
分離長期譲渡所得 市民税		
県民税		
山林・その他所得 市民税		
県民税		
調整控除額 市民税		████
県民税		████
配当控除額 市民税		
県民税		
住宅借入金等特別控除額 市民税		
県民税		
寄附金控除額 市民税		
県民税		
その他税額控除額 市民税		
県民税		
配当割又は株式等譲渡の控除額 市民税		
県民税		
均等割額 市民税		████
県民税		████
年税額 市民税		████
県民税		████
配当割額控除不足額 市民税		
県民税		

◎扶養・本人区分等

扶養区分	控除対象			扶養					扶養障がい			
	有	老人	特定	老人	老人	同居	その他	年少	同居	特別	その他	
変更前												
変更後												

本人区分等	未成年	本人控除							寡婦		家屋敷	
		障害 普通	障害 特別	寡婦 一般	寡婦 特別	寡夫	勤労学生		あり			
変更前												
変更後												

◎普通徴収 口座振替情報

金融機関	
口座番号	
口座名義人	

◎特別徴収を行う公的年金

変更前	特別徴収義務者	
	特別徴収対象年金	
変更後	特別徴収義務者	
	特別徴収対象年金	
	法人番号	

◎公的年金より特別徴収される翌年度の仮特別徴収税額 (円)

徴収月	4月	6月	8月
変更前			
変更後			

翌年度も引き続き公的年金の支払を受ける場合は、翌年度4月から8月まで上記の額を特別徴収することになりますので、地方税法第321条の7の8の規定によって通知します。また、公的年金から特別徴収が中止された場合には、普通徴収の方法によって徴収します。

◎給与特別徴収月割額 (円)

区分	変更前の額	変更後の額
4月		
5月		
6月		
7月		
8月		
9月		
10月		
11月		
12月		
1月		
2月		
3月		
4月		
5月		
合計	0	0

◎普通徴収月割額 (円)

期別	納期限	変更前の額	変更後の額	差引増減額
過4月	H28. 5. 2			
過5月	H28. 5.31			
過6月	H28. 6.30			
過7月	H28. 8. 1			
過8月	H28. 8.31			
過9月	H28. 9.30		████	████
過10月	H28.10.31			
過11月	H28.11.30			
過12月	H29. 1. 4			
過1月	H29. 1.31			
過2月	H29. 2.28			
過3月	H29. 3.31			
合計			████	████

◎公的年金特別徴収月割額 (円)

区分	変更前の額	変更後の額
4月		
5月		
6月		
7月		
8月		
9月		
10月		
11月		
12月		
1月		
2月		
3月		
合計		

第**3**話

新型コロナウイルス感染症と 行政
―弱者への視点―

❀　❀　❀　❀　❀

　2020年1月、日本で新型コロナウイルスによる発症者を確認。2月には横浜港入港のダイヤモンドプリンセス号内での発症者多数など、新型コロナ感染症は大きな社会問題となりました。安倍首相（当時）は、全国の小中学校と特別支援学校に3月2日から臨時休校を要請。市民の不安や戸惑いが大きくなっていきました。

　市民からの相談や不安払拭をはじめ、子どもの生活環境、商工業者への対応などをする総合相談窓口の設置を、市民有志（4人）で半田市に文書で申し入れ（2020年3月2日）ました。

　半田市は、わずか2日後の3月4日に「『新型コロナウイルス感染症対策についての総合相談窓口』を設置し、市報、ホームページ等でお知らせします」と文書回答。窓口設置にホッとすると同時に、迅速な対応にうれしくなりました。

　その後市民有志で市民生活への緊急対応として半田市へ、「前年度所得に関係なく、新型コロナ感染ウイルス関係にて収入の減少した世帯にも、『就学援助制度』を適用し、その制度内容のお知らせ・申請について、保護者に徹底してください」など7項目を、文書で申し入れ（4月16日）ました。

　半田市は項目ごとの回答に併せ、「関係部署と連携を取りながら、市民の

皆様に寄り添った対応に努めます」と表明した文書回答（5月1日）をしました。

　また、半田市長は市民に「4月10日に愛知県から緊急事態宣言が発出され、今後は、これまで以上に市民生活に様々な影響がでてくることが予想されます。半田市としましては、少しでも市民のみなさまの不安や不便を取り除けるよう、行政としての役割を迅速且つ適切に果たしてまいります」（半田市報・2020年5月1日号「新型コロナウイルス感染症に対する市長メッセージ」より抜粋）と、市民に向けて表明しました。市民として安心と期待を持ちました。その後、市民生活を支える施策が多く実施されました。しかし施策の根底には、低所得の市民に対する人権意識の希薄さがありました。具体的な事例を示します。

●「税金滞納市民はコロナ禍支援を利用できません」

「解雇、雇い止め等となり住居をなくした方（恐れのある方）を対象に、市営住宅への優先入居（保証人不要、家賃減免）を実施してください」への回答は、「数戸となりますが、目的外使用制度を利用した市営住宅の提供をしてまいります」と市民に寄り添った回答でした。

　建築課を訪問（5月1日）し、回答内容の基準「新型コロナウイルス感染症の拡大に伴い住宅を失った方へ市営住宅を提供します」を確認しました。

　対象者などは申し入れの主旨に沿い、「感染拡大の影響により、雇用先からの解雇等により、住宅から退去を余儀なくされた（見込みのある）方」「入居期間3ケ月間（最長1年まで延長可）」「家賃の50％減免」「敷金・連帯保証人：不要」など、市民の生活を支える内容です。ただし、「暴力団員でないこと」に加え、「市税等の滞納のないこと」が要件として明記され、提出書類に「滞納のない証明書」が求められていました。

　コロナ禍、市民の多くは生活に困っています。住む場所のない（見込みのある）市民に「税金などを滞納していたら市営住宅への入居は認めません」は、酷な話です。「緊急事態宣言も考慮して止めてください」と申し出ま

した。

　建築課は「意見として聞いておきます。この内容でお願いします」に終始。「市長に再考を伝えてください」と強く申し入れしました。

　市長の見解などを聞きに建築課を訪問（5月15日）。職員の見解は「市民の中には元々収入が少なく課税されていない人もいます」「臨時給付金10万円や児童手当でも1万円給付もあるので、これで納付（滞納税金などを）できる人もいるのでしょう」などと述べ、「今回はこれでお願いします」の繰り返しです。

　職員と話しても埒が明かないので市長に直接申し入れるため、秘書課を訪問。市長への面談の申し入れを行いました。しかし、後日秘書課より「現状（滞納要件）でお願いしたいので面談の予定はない」との回答です。市長もこの意向ならどうするのか、です。

　この実態を市民は誰も知りません。市民に知らせ市民の声で変えられないか。このひとつとして市議会5会派1議員（市議22名）に、今までの経緯と「『税金等の滞納がある人は入居は認めません』では、せっかくのコロナ禍対策が泣いてしまうのではないでしょうか。是非とも新型コロナウイルスの影響における市営住宅への入居要件緩和ができるよう、半田市に働きかけをお願いします」と、文書で申し入れをしました（5月26日）。お願いの場面では、私たちの主張に理解が示されることを感じました。

　この申し入れに半田市は慌てたのか2日後、建築課から「土日で協議し、滞納要件を変えました。市のホームページ（HP）に掲載してあります」との連絡です。HPは、「市税等の滞納がないこと（ただし、新型コロナウイルス感染症拡大の影響によるものは除く）」と変わりました。この見解は、市民生活を理解しない、小手先の修正です。すぐ建築課に出向き、「滞納要件削除」を求めました。

　修正の理由を、「コロナの影響で納税できず滞納のある方は入居できるようにしました。刈谷市にも滞納要件があります。当初からコロナ後の滞納者は入居を認めていました。しかし、内容の説明が分かりにくいので要綱に付け加えたのです」と強調。

「みなさんが議員に話されたので議員から問い合わせがありました」

「普通の市民は税金を滞納しないでしょう。コロナの影響で社宅を出される人も滞納はしていないでしょう」

「収入の少ない人には税金は課税されていません。市全体で徴収率（税金などの）の向上を目指しています。この方向で各課がこのような対応（滞納要件）で動いています」等々。

　具体例を示して反論しました。

「議員かどこからかの問い合わせがあり、半田市の見解を正当化するため『コロナの影響での滞納は入居できる』と後付けで加えられたのではありませんか。今まで一度もそのような説明はありませんでした」

「刈谷市の例を話されたが、知多市、大府市には滞納要件はありません」

「コロナ禍で納税の難しい市民には徴収猶予が行われ、滞納は原則発生しません。徴収猶予と滞納は違います」

「低収入の市民でも例えば、国保税ゼロの市民はいますか。みんな課税されています」

「東京や横浜では事業者からの休業要請で収入が途絶えネットカフェ利用ができなくなった人に、ビジネスホテルや施設が提供されています。『あなたは税金を滞納しているので利用はダメです』の対応をしたら、国民の声はどうなりますか」

「半田市でも家が火事で焼け出された市民には、市営住宅の優先入居で対応されています。『あなたは税金の滞納があるから入れません』と対応されますか。しないでしょう」

「今日の市議会で児童扶養手当受給者へ２万円支給の議案がありました。『税金滞納のある市民には支給しません』の規定はありますか」（「そこまでは…」）

「建築課は、市営住宅の設置や市民への提供は『市民への住まいの保障』ではなく、『住まわせてやっている』とした上から目線の考えが根底にあるから、コロナ禍の非常時でも滞納要件を付けられたのではないですか」

「滞納している市民の多くは、ほんの一部を除けば、何とかして払いたい。

そのような思いをお持ちです。払いたくても払えない市民の生活実態をしっかり聞き、思いを理解してください。市民は市職員、市役所が頼りです。ぜひ、滞納要件を見直してください」

　職員からは市の見解や反論はなく、最後は「内部で検討し、結果を連絡します」でした。

　翌日、半田市から「協議した結果、災害時（半田市市営住宅条例第5条　市長は、次に掲げる事由に係る者の公募を行わず、市営住宅に入居させることができる。第1号「火災による住宅の滅失」）と同じ対応とし、滞納条項は削除しました」と連絡がありました。声を出し続けて良かったです。
「少しでも市民のみなさまの不安や不便を取り除けるよう、行政としての役割を迅速且つ適切に果たしてまいります」（前出・市長メッセージ）と、この経緯を重ねてください。低所得者の生活は、声を上げなければ守られないのです。上げても守られないこともあります。それでも、声を上げます。

●生活保護利用者を感染症拡大防止の対象から除外

　新型コロナウイルス感染症対策として、半田市は「こまめな手洗い・うがい、普段の健康管理、適度の湿度の保持、人混みを避ける、アルコール消毒など、一般的な感染予防対策を心がけましょう」（2020年3月15日号「半田市報」）と市民に呼びかけました。

　新型コロナウイルス感染症対策のひとつとして、私は福祉事務所長に、「生活保護利用者は病気などの初診時は原則、バスなどの交通手段を利用して市役所まで出かけ、生活援護課にて医療券を受け取る（医療扶助）。その後、またバスなどに乗って家の近くの医療機関で受診する。新型コロナウイルス感染症発生後、この往復でも感染が心配される。こうした状況を回避するため、新型コロナウイルス感染症が終息するまでの期間、初診の医療券受け取りの手続きには来庁せず、電話等の申請手続きとし、土曜、日曜、祝日、夜間、急病などで使用している『生活保護緊急医療依頼書』を医療機関に提示

し受診する。この内容を在宅保護世帯と医療機関に文書で連絡する検討を」とのお願い（2020年2月19日）をしました。

　その後、お願いと同じ内容の通知が厚生労働省からも出されました（2020年4月7日「新型コロナウイルス感染防止等のための生活保護業務等における対応について」「医療扶助における医療券方式の取扱いについて」）。先のお願いと厚労省の通知に対する対応確認のため福祉事務所を訪ねました（4月15日）。驚いたことに、市民には「人混みを避ける」よう呼びかけているのに、半田市はお願いにも厚労省の通知にも、何等の対応をしていませんでした。職員とのやり取りは次の通りです。

「そのような対応は従来からやっています。例えば○○（市役所より遠い地域）の高齢者から電話があれば来庁されなくても医療券を送っています」

「日頃、そのような対応が行われていることは知っています。今、緊急事態宣言が出て外出自粛が求められています。2月、所長にもお願いしました。遠い地域の高齢者など一部の人だけではなく、全ての利用者に厚労省の通知通り対応してください」

「従来からやっています。あなたのお話、市民の意見として聞いておきます」

「聞いておきますではなく、厚労省の通知の内容の実施を求めているのです。通知が事務所にあるはずです。今、持ってこなかったので見せてください。確認するために」

「申し出は分かりました。意見として聞いておきます」

「通知を見せてください。通知の内容を市民に知ってもらうのも行政の仕事です。通知があるはずです。まだ、読んでいないか、内部では検討していないのですか」

　この問いに返事がありません。奥の机にいる管理職に「話を聞いてください」と声を掛け、カウンターの前まで出てきてもらい、同じ主旨を述べました。

「外出自粛の対応はしています。例えば、給与明細書等の提出は郵送にしています。医療券の対応はしていません。通知が出ているかどうかは…」

私たちのやり取りが聞こえたのか、他の職員が私たちのところに「これでは」と一枚の通知を持ってきました。私の見た通知とは別でしたが、通知を要約した内容のようでした。

　通知の「可能（電話連絡等による医療券発行）」との記載部分に職員は、「可能ということは今までやっていた電話対応はおかしいということなのか」と。「屁理屈を言うんじゃないよ。今話しているのは新型コロナウイルス感染症で外出自粛となり、医療券の緊急対応についてなのに、なんという態度だ。この通知も知らなかったではない。これとは別に職を失った人などの自動車の保有などについても柔軟に対応するようにと書かれた通知もあります。その通知に医療券のことが書かれていました。至急、県に問い合わせするなどして対応すべきです。外出自粛要請が出ているでしょう」と。併せて、市民に寄り添った福祉行政、業務姿勢の研修を強く求めました。「生活保護に従事したことのある私だからこのような問い合わせなどができるが、今のような業務姿勢では、生活保護の相談に訪れた市民は窓口で諦めて帰るのではないですか。中には感情的になり諍い、暴力的なことの発生も危惧されます。また、このような職場環境では、ケースワーカーも委縮し、自由な発言ができなくなります」とも。

　医療券の取り扱い通知の実施は緊急を要します。私はいったん帰宅し、厚労省の通知をコピーし、福祉事務所に持参しました。

　福祉事務所長からは「通知はありました。今、生活援護課からもらってきました」の一言のみです。

　こうした経緯後、厚労省通知の内容は実施されました。しかし、この実施で、生活保護利用者への半田市の人権認識の希薄さが露わになりました。

　生活保護利用者へ医療券取り扱い変更の通知は、宛名も発行責任名、日付も書かれていない、タテ6cm・ヨコ10cmの用紙に、「医療機関を受診する際、原則、医療券を市役所の窓口に取りに来ていただいておりますが、新型コロナウイルス対策として、当面の間、受診する旨を市役所に電話等でご連絡いただければ、医療券なしで受診できるよう、取り扱いを変更します。医療券は、後日、市役所から医療機関に送付します」と書かれたもので、5月

分生活保護費支払いの通知に同封されました。これが行政の通知ですか。単なるメモ書きです。日頃、行政は市民にこのようなやり方を行うでしょうか。

　一方、「生活保護法の指定を受けている医療機関、調剤薬局」宛には、2020年4月22日付の福祉事務所名で「医療券の取り扱いについて（お願い）」を通知しています。取り扱い変更の理由も、「（参考）」として厚労省の通知要旨を載せています。これが行政の普通の事務です。

　なぜ、生活保護利用者への通知は「メモ」なのでしょうか。この根底にあるのは、自力で生活できない市民を税金でお世話している意識ではないでしょうか。半田市の「生活保護のしおり」には、「生活保護の利用は、国民の権利です」と書かれています。市民が声を上げなければ絵に書いたモチです。

　生活保護行政に従事する職員は、「要保護者が生活保護申請に至るまでには、さまざまな生活問題に直面し、心身共に疲弊していることが少なくない。また、要保護者には相談にのってくれる人がいないなど、社会的きずなが希薄で、不安感、疎外感を持って生活している場合も多い。したがって、ケースワーカーはそうした要保護者の立場や心情をよく理解し、懇切、丁寧に対応し、積極的にその良き相談相手となるように心がけなければならない」（2009年3月31日・厚生労働省社会・援護局保護課長事務連絡「生活保護問答集について」抜粋）ことを強く求められています。

　今回の職員の業務姿勢は、厚労省の見解と大きな乖離がありました。職員に求められているのは、市民に寄り添うことです。緊急事態宣言が出され、非日常を過ごす市民に「外出自粛」を求める行政の職員が、このような業務姿勢では困ります。この姿勢は、自らの考え方と異なる市民の意見には耳を傾けない上から目線、つまりそれは、低所得者（生活保護利用者等）への人権意識が希薄であることの現れです。

　特に、生活保護行政に従事する職員には、憲法第25条や生活保護法第1条を学び、深める指導・研修を、今以上に求めます。

第4話

市民の声訊かず、
一方的な長寿祝い金削減と
健康祝い金の新設

❀　　❀　　❀　　❀　　❀

　毎年9月になると地方自治体などが行う高齢者へのお祝い行事（敬老事業）がテレビ、新聞で報道されます。9月は国民の祝日「敬老の日」、15日から21日の「老人週間」があるからでしょう。

　地方自治体が敬老事業に取り組むようになったのは「昭和26年以来毎年9月15日から1週間『老人福祉週間』として全国的に各種の敬老事業が展開されている。本県においてもこの期間を中心として、市町村その他の関係機関と共に各種の敬老事業を行い敬老思想の高揚を図ってきた」（昭和41年7月1日愛知県民生部『民生行政のあらまし』昭和43年度版より抜粋）からのようです。

　半田市は、1952（昭和27）年度に「敬老長寿報償費」の予算を初めて計上。その後、長寿祝い品や敬老金など対象年齢の変更はありますが、毎年行ってきました。

　近年では、「生きがいづくり推進事業」のひとつとして、「長寿のお祝いを贈ります」『◇長寿訪問事業　多年にわたり社会のために貢献されてきた高齢者を敬愛し、長寿を祝福するため、長寿祝い金などを贈り、感謝の意を表します。○対象者及びお祝い金等「数え88歳の方　5,000円」「満100歳の

方　10,000円と記念品」「最高齢の方（男女各1名）　10,000円と記念品」』と『令和3年度高齢者福祉ガイドブック』（半田市福祉部高齢介護課）には書かれていました。

●老人福祉法の理念を無視した「健康祝い金」

　ところが、『令和4年度高齢者福祉ガイドブック』では、「長寿のお祝いを贈ります」「◇長寿訪問等事業　多年にわたり社会のために貢献されてきた高齢者を敬愛し、長寿を祝福するため、『長寿祝い金』を贈り、感謝の意を表します。○対象者及びお祝い金等『満100歳の方　10,000円と記念品』『最高齢の方（男女各1名）　10,000円と記念品』」とありますが、「数え88歳の方　5,000円」は廃止になりました。そして、新たに「◇『健康祝事業』日頃から健康に留意し、健康寿命の延伸に貢献している高齢者へ『健康祝い金』を贈り、感謝の意を表します。○対象者及びお祝い金等『◇数え88歳の方　※要介護認定を受けていない方　5,000円』」と、健康祝い金が新設されていました。

　この「変更」に違和感を持ちました。健康祝い金には、老人福祉法の基本理念「老人は、多年にわたり社会の進展に寄与してきた者として、かつ、豊富な知識を有する者として敬愛されるとともに、生きがいを持てる健全で安らかな生活を保障されるものとする」（老人福祉法第2条）という考え方はないからです。

　あるのは、数え88歳を迎えられ「要介護認定等を受けていない」市民には、健康寿命の延伸に「貢献している」と「感謝を表し」、一方、「要介護等認定を受けている」市民には「健康寿命の延伸に貢献していない」から「感謝は表しない」と、同じ年齢の市民を区分けし、分断する仕組みだけです。「要介護等認定を受けている」市民は、健康寿命延伸に貢献しない困った市民、健康に気配りをしていない市民、と言われている感じを受けました。

　高齢者、80歳代の生活を考えてみてください。高齢になれば病気、介護

の必要は多くなります。そのために公的な医療保険や介護保険の制度があるのです。この制度を利用して生活するのは、高齢者、国民の権利です。

「身体の弱られた高齢者の姿」を頭に浮かべてみてください。例えば、歩くのには杖を使う方がお二人いらっしゃるとします。一人は、介護保険の申請はせずに近くの福祉センターに時々出かけ、みんなとお話や体操をしておられるとします。もう一人の方は、介護保険を利用して週2回、デイサービスに通っておられます。このお二人に対して半田市は、同じ身体の状態であるのに、介護保険を利用していない方には感謝の意を表しお祝い金を贈り、介護認定を受けている方には感謝の意を表することもお祝いもいたしません、なのです。半田市は、同じように年齢を重ねてきた高齢者、市民を区分けし、分断しています。

　私たちを区分けし、分断するだけではありません。障害者の人権にも関係します。

　障害のある方は、誕生した、障害を持った、その時点（その後）で、福祉制度を利用して生活する方が多くおられます。もちろん、介護保険も利用します。当然です。特に65歳を迎えると障害者福祉制度から介護保険制度への移行が強制されています。

　子どもの頃から重度の障害のある高齢者に、健康祝い金の仕組みについての思いを訊きました。「障害福祉でデイサービスやショートステイなどを利用していたが、65歳になったら介護保険に変えられた。私も反対です」と、リクライニング・シートに座り、身体をよじらせながら話されました。半田市は健康祝い金を通してこの方に、「あなたは健康寿命の延伸に貢献していない市民です」と認定しているのと同じです。半田市は市民を主人公として尊重する地方自治体と言えますか。

　　〈参考〉厚生労働省は、65歳以上の人で障害者施設などに入所していない障害者については、介護保険を優先的に適用すべきと市町村に通知（平成12年3月24日「介護保険制度と障害施策との適用関係について」厚生省大臣官房障害保健福祉部企画課長等通知）しているからです。

障害は病気でも不健康でもありません。個性です。祝い金の対象から排除するのは、「何人も、障害者に対して、障害を理由として、差別することその他の権利利益を侵害する行為をしてはならない」（障害者基本法第4条第1項）に抵触する、障害者差別です。

　半田市は、重度障害者の生活を理解すべきです。

　半田市が、生活を支えるために介護保険を利用している市民を「健康寿命延伸に貢献していない」と断定し、また、医療保険の利用者は健康寿命延伸に貢献していると判断する根拠は何か。具体的な理由の説明を求めます。

●「健康祝い金」新設の経緯

　半田市がなぜ、数え88歳の方への長寿祝い金を廃止し、健康祝い金を新設するのか、その理由を調べてみました。

　令和4年度の一般会計予算の審議で半田市は、「長寿訪問事業132万円は、高齢者の方への敬愛と感謝の意を表し、満100歳及び最高齢者男女各1名へ長寿祝い金等を贈呈するものであります。…数え88歳の長寿祝い金については、昨今の平均寿命の延伸に伴い健康祝い金として制度の見直しを行う」「高齢者健康祝い事業193万2,000円は、新規事業となります。…先ほど、長寿訪問等事業でも説明いたしましたが、数え88歳の節目に当たり、長寿祝い金に換え、健康寿命の延伸に貢献している高齢者として、要介護認定を受けていない方へ敬意と感謝の気持ちを表し、お祝い金を贈呈するものであります」（令和4年3月11日半田市議会厚生文教委員会会議録より抜粋）と説明しています。この予算に対する委員会での主な質疑は以下の通りです。

　　委員―長寿訪問が半分切り分かれて高齢者健康祝い金になったということ
　　　　で、以前が560人ぐらいいたのが、健康な人にお祝いを渡しましょう
　　　　ということになったので383人にということで、健康に寄与している

人に渡すというお祝いであるということはすごくこの事業がよくなっ
たなあというふうに思いました。個人的には。

半田市―健康お祝い金ということで88歳が長寿のお祝いから切り替えた
ということはいいことだということを言っていただきありがとうござ
います。

委員―名前が変わって長寿訪問がなくなったような形というか金額を落と
して（注・予算額が減額の意味か）、高齢者健康祝い金に変わったとい
うことですよね。

半田市―分けたというよりは、88自体が平均寿命、数え88という満87
ということで、実際に女性の平均寿命が87.45というようなところま
で来ているということで、先ほど少し申し上げたけど、長寿のお祝い
というよりは、もう現実的には長寿のお祝いではないような形になっ
てきているので、そこを改めさせてもらって、今から取り組んでいく
健康寿命の延伸という部分で、やはり健康でそこまで暮らしている方
をお祝いさせていただくというようなこと。

　人数的には確かに、その年になってくるとどうしても要介護認定だ
とかを受けていく方が間々お見えになる中で、単に人数減らしという
ことではなくて、先ほど言った御夫婦でそういった金婚・ダイヤモン
ド婚・プラチナ婚を迎えられた方…。

（前出、文教厚生委員会会議録より抜粋）。

　委員会審議における半田市の説明では、「平均寿命と長寿のお祝いにふさ
わしい年齢との関係」「健康寿命の延伸と要介護認定の関係」についてどの
ように検討したのか、具体的な内容は分かりません。この経緯、内容を知る
ため半田市に関係文書の情報公開請求を行いました。

　公開されたのは「3か年実施計画の策定決裁」文書、市議会全員協議会に
対する「長寿訪問事業」説明文書等のみでした。そこに、数え88歳長寿祝
い金廃止、健康祝い金新設を検討した文書は一切ありませんでした。

令和3年7月7日決裁・件名「令和3年度3か年実施計画の策定について」・事業名「第2次実施計画・事業計画書」（4年度〜6年度）「長寿訪問等事業」には、「長年にわたり社会の進展に貢献してきた高齢者を敬愛し、その長寿を祝福するため、数え88歳（米寿）、満100歳の高齢者及び、最高齢者（男女各1名）を訪問し、長寿祝い金を贈り感謝の意を表する」と、令和4年度も前年度と同じように、数え88歳（米寿）の方に「長寿祝い金を贈り感謝の意を表する」と明記しています。

　ところがこの決定から54日後の令和3年8月30日付で決裁した、件名「令和3か年実施計画の修正について」・事業名「第2次実施計画・事業計画書」（4年度〜6年度）では、「長寿訪問事業における数え88歳（米寿）の祝い金を廃止し、新たに健康祝い金を創設する」と変更決定しています。なぜ、短期間に事業計画の内容が修正（変更）決定されたのでしょう。

　決裁文書の「伺い文」には「このことについて、別添のとおり修正し提出してよろしいか」。その下にペンで「・長寿訪問事業における数え88歳（米寿）の祝い金を廃止し、新たに健康祝い金を創設する」と後書きがあるだけで、理由は何も書いてありません。あるのは、変更決定した「第2次実施計画・事業計画書」（4年度〜6年度）の「現況・必要性・効果」の欄に、「近年の高齢化で年々平均寿命が延び、厚生労働省によると平均寿命は男性81.41歳、女性が87.45歳となる一方で、健康寿命（平均寿命−要介護期間）は男性72.14歳、女性74.79歳で平均寿命と10歳前後の差があり、今後は健康寿命をいかに延ばすかが課題となる。数え88歳を迎えるうち、要介護認定を受けておらず健康寿命の延伸に貢献している方へ健康祝い金を贈呈する」だけです。

　「実施計画・事業計画書」の変更決定に、今までの「数え88歳の方への長寿祝い金」を廃止する理由、また、新規事業の目的「健康寿命を延ばす」ことがなぜ、半田市の行政に急きょ必要になったのかを明記すべきです。そしてそれを行政の責任として、市民、市議会に説明すべきです。ところが、検討した文書はないのです。

文書がないので市長に質問書を提出（2022年7月20日）しました。8月10日付で市長名の回答（章末の資料ご参照）はありましたが、内容は抽象的な言葉の羅列に終始していて、具体的な説明はありませんでした。

　「高齢者を敬愛する姿勢自体に変わりはありません。昨今の平均寿命の延伸により、数え88歳については、長寿を祝福する祝い金対象者としての妥当性を判断し、見直したもの」（回答、要約抜粋。以下同じ）。

　「対象者としての妥当性を判断し、見直した」とはどのようなことか、具体的にはどのような年齢が対象になるのか等、説明すべきです。

　「制度の見直しにつきましては、3か年実施計画を策定する過程において、当初は長寿訪問等事業の中で、数え88歳の方への健康祝い金を考えておりましたが、『長寿のお祝い』とは目的が異なることから、新たに『健康祝事業』として創設することとした」（回答）。

　「長寿祝い金と『目的が異なる』から健康祝い金を創設した」の意味が、全く分かりません。意味不明どころか文章の体をなしていません。「目的が異なるから」健康祝い金の新設が必要とは、支離滅裂な回答です。

　「3か年実施計画は庁内ヒアリング及び市長の意見等を反映させて修正したものです。…健康祝い金が『長寿を祝福する』目的でないことから別の事業とし、要介護等認定を受けていない方を対象者とする」（回答）。

　関係職員へのヒアリングでの意見、また、市長の意見を具体的にどのような内容であったのか、市民に知らせることは、行政の責務です。市民はこの内容から行政の真意、目的を判断し、理解します。この回答ではそれができません。

　蛇足ですが、「長寿祝事業と健康祝事業の目的が異なる」なら、事業の「修正」ではなく、「変更」です。実際、異なっているのですから。

●曖昧な「健康祝い金」贈呈基準

　以上の経緯から長寿のお祝いの目的、健康寿命の延伸の目的について、検

討を行っていないのです。それを端的に表しているのが、健康祝い金を贈る「基準」です。極めて曖昧です。

「事業計画書」（令和3年8月30日）には、祝い金を贈る対象は「要介護認定を受けておらず健康寿命の延伸に貢献している方」と書いてあります。
「要介護認定」の基準は、「要介護1～5」です。ですから要支援認定（「要支援1・2」）の方は祝い金の対象です。
『令和4年度高齢者福祉ガイドブック』（半田市高齢介護課・令和4年5月発行）にも、健康祝い金の対象者「数え88歳・要介護認定を受けていない方」と書いてあります。

〈参考〉「要介護認定等に係る介護認定審査会による審査及び判定の基準等に関する省令」（平成11年4月30日）
（要介護認定の審査判定の基準等）第1条・介護認定審査会による審査及び判定は、当該各号に掲げる状態のいずれかに該当するかについて行うものとする。
「要介護1・要介護2・要介護3・要介護4・要介護5」（抜粋）
（要支援認定の審査判定の基準等）第2条・介護認定審査会による審査及び判定は、当該各号に掲げる状態のいずれかに該当するかについて行うものとする。
「要支援1・要支援2」（抜粋）

ところが、令和4年6月22日の市議会全員協議会の資料では、「要介護等認定を受けておらず寝たきり等でない方」と「等（要支援認定）」に変更され、併せて「寝たきり等でない方」が追加されました。
さらに令和4年8月号半田市報（7月下旬発行）には、「健康祝い金を贈ることで、健康な状態で生活しておられる方に敬意を表します」としています。「健康な状態で生活している」とは、人それぞれ判断は異なります。常識です。
それは半田市が「健康祝い金の対象に該当・非該当」について提出を求めている『健康祝い金に関する確認書』には、「あなたは現在、健康上の問題（寝たきり状態等）がなく、日常生活に不便なく生活できていると感じますか。

（ご本人の判断で結構です。）」と書かれていることからも明らかです。

　検討もせず大雑把に「要介護認定を受けていない方」と決めたので、このような後付け説明になっているのでしょう。極めて曖昧です。

　そこで高齢介護課を訪問（2022年7月26日）し、半田市報（8月号）にある、「健康な状態で生活しておられる方」「寝たきり等でない方」の具体的な身体の状態を訊ねました。

　答えは「人工呼吸器を付けている方など…。健康でない方に祝い金を贈るのは失礼になります。受け取られない方もおられるでしょう。だから（対象者への案内文）表現が難しく、まだ決まっていません」。半田市報で市民に広報しているのに、具体的な基準は決まっていないのです。説明できないのです。

　充分な検討もせず、「要介護認定を受けていない」のみの基準を決定。その後、「健康寿命の延伸に貢献している」とは、どのような身体状態なのか内部で疑問が出たため、「寝たきり等でない方」が加えられ、最後には「健康な方」という文言で補完したのでしょう。「今後は健康寿命をいかに延ばすかが課題」は後付けで、言葉の遊びです。

　市議会議員の発言「新規事業と言いながら。ただ分けただけのような話であって、…全然ただ言葉のあやで遊んでおるだけの話であって、…名前が変わって長寿訪問がなくなったような形というか金額を落として、高齢健康祝い金に変わったということですよね」（前出・文教厚生委員会委員発言より抜粋）からも伺えます。

　市民へのお祝いの新規事業であるのにきちんと検討していないのです。検討していれば「文書」で残します。場当たり的、無責任な行政姿勢です。

　令和4年8月3日付で半田市から、数え88歳の市民340名に『健康祝い金のご案内』が送付されました。対象者は、「数え88歳の方で、要介護認定等を受けておらず、寝たきり状態等でない方」と書いてあります。

　「要介護認定等」を受けていない方は、半田市への介護認定の申請の結果で確認できます。ですが、この方のうち、曖昧な「寝たきり状態等でない方」

をどのようにして認定するのでしょう。認定の基準が曖昧で、不安だからか、案内には『健康祝い金に関する確認書』を同封し、「確認書」の提出を求めました。内容は以下の通りです。

　①「あなたは現在、健康上の問題（寝たきり状態等）がなく、日常生活できていると感じていますか（ご本人の判断で結構です）」と訊ね、「はい」「いいえ」の答えを求めています。健康調査ではありません。健康祝い金事業で、です。

　次に、②「健康祝い金の受け取りを希望しますか」を求め、「はい」の方は、「振込み先口座を記入し、通帳のコピーを添付してください」。「いいえ」の方は、「受取りを希望しない方は以下に理由をご記入ください」と、受け取らない理由の記載まで求めていました。

　祝い金を贈るのに「受け取りの意思の有無」を求める「確認書」が必要でしょうか。そのような祝い金事業は異常です。充分な検討もなく決定したことを、露わにしています。なお、令和3年度の「長寿のお祝いについて（ご案内）」には、祝い金の受け取りの「希望有無」を求める確認書はありません。当然、常識です。

●事業費削減が最大の目的

　なぜ、このような曖昧な健康祝い金を新設したのでしょうか。それは長寿祝い金事業の事業費削減が最大の行政目標であり、削減ありきだったからです。内容の検討は後回しなのです。

　情報公開請求で受理した半田市の「長寿訪問事業」に関する、「平成30年度3か年実施計画」（決裁日・平成30年7月10日）から、「令和3年度3か年実施計画」（決裁日・令和3年7月7日）までの「現況　必要性　効果」欄には、4年連続で事業費削減を明記しています。

・平成30年7月10日決裁「平成18年度には対象者の限定を、平成24年度には数え99歳以上の記念品の見直しを行ってきたが、平成31年度か

らは数え 88 歳の祝い金 1 万円を半田カタログギフト（5,000 円相当）に換え、数え 100 歳以上の対象を満 100 歳と最高齢者（男女各 1 名）にすることにより、事業費の縮小を図る」

・令和元年 7 月 8 日決裁「…に限定することにより、事業費の縮小を図る」

・令和 2 年 7 月 8 日決裁「令和 3 年度からは、数え 99 歳へのお祝い金を廃止し…に対象者を限定し、事業費の更なる縮小を図る」

・令和 3 年 7 月 7 日決裁「…に対象者を限定し、事業費の更なる縮小を図る」

　そして令和 4 年度からは数え 88 歳の長寿祝い金を廃止し、健康祝い金の新設で、更なる事業費を削減しました。

　令和 4 年度、数え 88 歳の方は 672 名。そのうち要介護（要支援）認定を受けていない方は 338 名です（高齢介護課にて確認）。

　672 名 × 5,000 円 = 3,360,000 円。338 名 × 5,000 円 = 1,690,000 円。差し引き、1,670,000 円（50% 弱）の削減です。

　半田市は 334 人の市民を、「長年にわたり社会の進展に貢献してきた高齢者を敬愛し、その長寿を祝福する祝い金」から排除したのです。心は痛まないのでしょうか。特に、高齢者福祉を担当している職員は。

　財政担当から「長寿祝い金削減」を強く求められ、高齢介護課は従順に廃止の事務を遂行したと推測します。

　高齢介護課（前出・7 月 26 日）に、「財政から削減を言われたのではないですか。担当は抵抗し長寿祝い金を守る仕事をお願いします」と伝えました。反論はなく無言でした。

　市長への質問書（前出）には、「どうか長寿祝い事業の目的を再確認いただき、数え 88 歳の方への長寿祝い金贈呈の実施をお願いします。なお、この事業について、財源に関係なく実施を求めるものではありません。時代の変遷、環境の変化も当然あります。ですが、今回のように一方的な削減（廃

止）の制度見直しではなく、老人クラブ会員など市民の意見も訊きながら、市民参加での検討をお願いします。そうした行政姿勢が市民の『敬老の心』を、涵養するのではないでしょうか。

　『高齢者を敬愛、長寿を祝福』は、祝い金贈呈だけに特化されません。例えば、市内小中学校の児童・生徒と高齢者との『文通、絵手紙交流』なども考えられます。

　市民が半田市に求めているのは、老人福祉法の基本理念を高齢福祉行政の根幹に置き、同法第４条『国及び地方公共団体は、老人福祉の増進する責務を有する』とした福祉行政充実に尽力すること、ではありませんか」と、長寿祝い事業への基本的な姿勢を書きました。

　もちろん、私の見解と異なる市民もおられるでしょう。半田市の「長寿のお祝い事業」が、より市民に喜ばれるよう、みんなで意見を出し合うことが必要でしょう。それには高齢福祉担当職員の市民に寄り添い、情報を公開する仕事姿勢が不可欠です。この願いが本稿の目的です。

令和４年８月１０日

福祉を学ぶ半田の会世話人
　　松本　如美　様
　　赤星　俊一　様

　　　　　　　　　　　　　　　半田市長　久世　孝宏

　昨年度まで「数え 88 歳（米寿）」の市民に贈られていた「長寿祝い金」等
についての要望書（回答）

　令和４年７月２０日付け、ご要望いただきました標題の件につきまして、以下のとおり
回答いたします。

　　　　　　　　　　　　　　　　記

①　長寿祝金贈呈の対象者につきましては、過去にも見直しを行っておりますが、高齢者
　を敬愛する姿勢自体に変わりはありません。昨今の平均寿命の延伸により、数え 88 歳
　については、長寿を祝福する祝金の対象者としての妥当性を判断し、見直したものです。

②　制度の見直しにつきましては、３か年実施計画を策定する過程において、当初は長寿
　訪問等事業の中で、数え 88 歳の方への健康祝金を含めて考えておりましたが、「長寿
　のお祝」とは目的が異なることから、新たに「健康祝事業」として創設することとしたもので
　す。

③　「健康寿命延伸プラン」につきましては、ご承知のこととは思いますが、厚生労働省の組
　織横断的な課題に対して、省内でプロジェクトチームを設置し、策定したものです。そのた
　め、対象は子どもから高齢者まで多くの分野を網羅しており、その内容は、ご指摘のとおり
　です。
　　「健康寿命延伸プラン」を展開するにあたっては、介護保険事業計画や認知症施策
　推進大綱をはじめ、厚生労働省が所管するさまざまな事業計画に反映されるものと認
　識いたしております。
　　本市におきましては、多岐にわたる本プランについて、関係する各計画に基づいて以下
　のとおり事業を進め、市報、ホームページ等による広報や、対象となる方への個別通知に
　て周知を行なっておりますが、十分でないとのご指摘を受け、今後の広報活動に生かして
　まいります。
　(1)　次世代を含めたすべての人の健やかな生活習慣形成については、「第２次健康は

んだ 21 計画」に基づき、「はんだ健康マイレージ」、健康・介護予防の「出前講座」、禁煙・受動喫煙防止の推進等により、一人ひとりが積極的に、また家庭・学校・職場など社会全体で健康づくりが広がるよう取り組んでいます。

(2) 疾病予防、重症化予防については、住民健診や各種がん検診、歯周疾患検診などの各種健診事業等を行い、その結果に応じて個別もしくは集団での保健指導を実施しています。

(3) 介護予防・フレイル対策・認知症予防については、「半田市高齢者保健福祉計画・第 8 期介護保険事業計画」に基づき、「脳とからだのトレーニング教室」や「げんきスポット」事業など、心身の機能維持・向上に加え、生きがいづくりや社会参加の促進による介護予防や認知症予防の取り組みを進めています。

④ 『通いの場』につきましては、住民主体で地域での介護予防に資する通いの場（サロン、運動、文化活動等）を運営する団体に対し、地域介護予防活動支援事業（げんきスポット）として運営に必要な経費を補助しております。2020 年度（令和 2 年度）における当該通いの場への高齢者の参加率は 7.8%となっております。

⑤ 3 か年実施計画につきましては、庁内ヒアリング及び市長の意見等を反映させて修正したものです。②でも少し触れましたが、数え 88 歳の方への健康祝金が「長寿を祝福する」目的ではないことから、従来の長寿訪問等事業とは別の事業とし、要介護等認定を受けていない方を対象者とすることとしたものです。

⑥ 本事業は、市民に義務を課したり、権利を制限したりするものではなく、政策的な事業として、3 か年実施計画に基づき実施しているところであり、条例を制定する考えはありません。なお、今後も社会情勢等を踏まえながら、柔軟に事業内容を見直してまいります。

⑦ 今回は、①でもお答えしたように、長寿をお祝いする祝金の対象者を見直すとともに、新たに健康寿命の延伸を意識した事業の創設とさせていただきました。今後もご指摘の点も踏まえ高齢者を敬愛する心を大切にしながら、市政運営に取り組んでまいります。

（この件に関するお問い合わせ先）
福祉部高齢介護　課長　██████
電　話　██████
Ｆ Ａ Ｘ　██████
Ｅメール　██████

第**5**話

「地域と疎遠・制度不案内・ 支援届かず」への 社会福祉従事者の寄り添う支援

🏵 🏵 🏵 🏵 🏵

「行政の支援を断り、ごみが散乱した自宅で亡くなっているのが見つかった岐阜市の一家3人。支援を受け入れないセルフネグレクトに陥っていた可能性があるという。

　行政の支援は、本人からの申し出や了解が前提で、岐阜市の高齢福祉課長も『信頼関係を築いて支援につなげるのが基本で、無理やり家に入るわけにはいかない』と話す。一方、岸恵美子教授（東邦大学・公衆衛生学）は『支援を拒否されたからといって放置すれば、孤立死に至る危険もある』。専門家の間では対策の必要性が認識されているが、本人が断っているだけに、対処が難しいのが実態だ」（2016年12月3日付・朝日新聞一部抜粋）。この報道はつらい現実を記しています。

　この現実に福祉従事者には、どのような対応（支援実践）が求められているのでしょう。私は日本福祉大学で、岸勇先生、高島進先生をはじめ多くの先生方から教えを授かり、仲間と共に社会福祉を学びました。

　学びの基本、目的は、「社会の革新と進歩のために挺身する志の人をこの大学を中心として輩出させたいのであります　それは単なる学究ではなくまた　自己保身栄達のみに汲々たる気風ではなく　人類愛の精神に燃えて立

ち上がる気風が　本大学に満ち溢れたいものであります」と日本福祉大学創立者の鈴木修学先生は『建学の精神』で仰っています。

●はじめに

「生活保護法は、憲法第25条の規定する理念にもとづいて、国に国民の最低生活を具体的に保障する法律上の義務を負わしめたものであり、たんなる訓示的・方針的な規定でなく具体的な効力規定である」（「朝日訴訟」1960年10月19日第一審判決要旨）を基本に実践することを、福祉現場で学びました。

　しかし近年、社会保障の基本は、「自助、共助及び公助が最も適切に組み合わされるよう留意しつつ、国民が自立した生活を営むことができるよう、家族相互及び国民相互の助け合いの仕組みを通じてその実現を支援していくこと」（社会保障制度改革推進法第2条第1号）と憲法第25条の形骸化が推進されています。生活保護基準の引き下げ、社会保険料（利用料）の負担増、介護費用削減に住民ボランティア活用と、あらゆる社会保障分野で「家族相互、住民相互」の助け合い（自己責任）の思想が進行しています。

　一方、市民の生活はどうでしょう。岐阜市の事例は氷山の一角にすぎません。「格差社会」「下流老人」から推測できます。では、この社会環境で福祉従事者には、どのような支援（実践）が求められるのでしょうか。

　福祉制度の利用、行政の支援は、「本人からの申し出や了解が前提」だけではありません。

　例えば、介護関係で、老人福祉法第10条4項と第11条には、「市町村はやむを得ない事由により介護保険法に規定する訪問介護、通所介護、介護老人福祉施設等を利用することが著しく困難であると認められる高齢者には、『措置』を採らなければならない（ことができる）」とあります。また、生活困窮関係において生活保護法第7条と第25条には、「保護は申請に基づいて関始する。保護の実施機関は要保護者が急迫した状況にあるときは、職権で保護を開始しなければならない」と憲法第25条の理念が具体的に規定されています。

岐阜市の事例では、市民の命が絶たれています。福祉従事者は、「信頼関係が築けなかった」「家に入れてもらえなかった」とする当事者への責任転嫁ではなく、自らの支援（実践）が不十分であったと自覚（反省）すべきではないでしょうか。福祉従事者は、「生存権保障」の一部を担っています。福祉行政に長年従事した私にも突き刺さる事実です。

　私の体験を通して報告します。なお、氏名は仮名とし、内容の一部を加工しています。

●当事者、生活支援の必要と思われる人との出会い

　2016年3月、佐藤さん（元民生委員）から私に、「同じ町内の榊原さんが、道で動けなくなっていたので、私の車に乗せ自宅まで送ってきた。1人暮らしなので夕方様子を見に行ってもらえないか」と依頼がありました。
　榊原さん（60代・男性）は、リュックを背負いゆっくりゆっくりと杖歩行をしている姿やタクシー乗車の姿を見たことがあるくらいでした。
　夕方、榊原さん宅を訪問しました。家の周りはかなり草が覆い、新聞受けからはチラシがはみ出していました。入り口の戸は施錠されており、呼び鈴を押しても応答はありません。
　窓ガラスを叩き、佐藤さんの依頼で訪ねたことを伝え、身体の様子を訊きました。「大丈夫です」と。何かあったら連絡をと電話番号を言うと、「隣りもありますから」との返事でした。
　隣りの鈴木さんに今日の状況を伝えると、「1人なので気にはしている。以前、救急車を頼まれ119番に電話した。親類の方も最近は来ない。三河屋さんが食べ物などを配達に来られているみたい」と言われ、親密な交流はない様子でした。
　翌日再度、榊原さんを訪ね窓ガラス越しに様子を訊くも、「大丈夫です」と言われるだけでした。その後、私と榊原さんの接触はありませんでした。

5月上旬。鈴木さんから、「榊原さんが入り口で倒れている。急いで来て」と連絡がありました。玄関前でリュックを背負ったまま仰向けの状態です。体重もかなりあり、二人で抱え起こしました。「足が悪いので掴まる物がないと起き上がれない。部屋でははって動いていることも多い」と身体の状態を話されました。

　「困ったことがあったら私たちに連絡を。同じ地域、お互い様。市の福祉課も相談に乗ってくれる。私は福祉課職員だったので今も知り合いの職員がいる。転倒防止に3本爪の杖がある」等々、話しました。

　すると、「杖で歩くのでゴミを持てず、ゴミ出しに困っている」と。確かに入り口付近にはゴミが多くあり、家横の軒下にも空き缶などの入った袋がうず高く積まれていました。玄関前までゴミを集める市のサービスを説明すると、半信半疑の様子で「手続きが分からないし市役所まで行けないし」と言われたので、「私から担当職員に訪問を頼みましょうか」と話したところ、「いいですか、あなたにお願いしても」と。

　福祉課職員はすぐ対応してくれることになりました。福祉課職員が訪問しますと榊原さんに伝えに行ったとき、入り口横に置いてある除草剤に気づきました。庭の草を気にされているのかと思い、除草剤の効果を聞くと「上手くは撒けん」と言われるので、「家の外の事だから私が少しずつやりますか。私、熊本の田舎出身で慣れていますから」と。「悪いね。入り口前だけで」との返事。少しずつ草取りと家の周りのゴミ片付けを始めました。

　草取りの様子を見た鈴木さんから、「身体を悪くしているので手伝えなくて悪いね」と。近くの人からも、「榊原さんは月に2、3回しか外出しないので心配していた。あなたが来てくれて良かった」と声を掛けられました。

●本人との関係の深まり

　市職員が榊原さん宅を訪問し、まずゴミ収集（「高齢者等訪問収集事業」）の支援から始めることに。10年前に両親は他界され頼れる親類もなく、ゴミ収集時の安否確認で返答などがなかった場合の連絡先がない。当面、私にお

願いできないか、と市職員から依頼がありました。榊原さんも了解され、双方の電話番号を確認しました。

　市職員から、「榊原さんは身障者手帳4級のため事業には該当しない（対象は1級と2級）。要介護認定者になれば該当するので介護保険申請の手続きを行う」と。

　榊原さんに、「市のゴミ収集はすぐには始まらないので、ウチのゴミと一緒に運びましょうか」と提案、了解されました。その後、「明日はゴミ出しといて」と窓ガラス越しに声掛けをし、ゴミ出しを始めました。

　8月上旬。「介護保険認定は要支援2に決定した。しかし、本人に税金の滞納がありゴミ収集はすぐにはできない。滞納税金の分納誓約書提出が必要。誓約書提出後に収集は始める」と市職員から連絡がありました。
　滞納税支払いの目途がないからかすぐには誓約書は提出されず、ゴミ出しは私が続けました。

　9月中旬。「急いで来てもらえないか」との電話が本人からあり、体調急変かと鈴木さんと2人で訪問。初めて家に入ると、引き戸のガラスが割れ、破片などが床に散乱していました。よろけて引き戸に身体をぶつけてしまったとのこと。
　ガラスの破片と寝床周りを掃除。彼は何度も「悪いね」と言われました。部屋や洗面所などにもゴミが置いてあり、居住スペースが少なくなっていることを知りました。

　そこで、介護保険によるヘルパーの掃除支援を説明。「市職員からも聞いているが税金も溜めているので利用ができるだろうか。お金もかかるし。通院にもタクシー代が1回数千円。金が入ってくるのは年金だけなので」と躊躇されます。

掃除は週１回（１時間程度）で 1,300 円くらい。社会福祉協議会に車貸出の制度がある（「社会福祉協議会ハンディキャブ貸出事業」、利用料は１km　20 円）。月１回利用で数百円の負担で済む。車の運転は私が行う。そうすればヘルパーのお金も払えるのでは、と提案しました。「助かります」と了解されました。

　包括支援センターの支援（業務）で、訪問介護利用の手続きが行われました。

　私は、包括支援センターのケアマネージャー（以下、CM）に、「支援は掃除だけに特化せず生活全体を視野に入れた支援を」との文書を提出。CM から「当然です」との見解がありました。

　ハンディキャブ貸出事業の利用対象者は、身障者（重度）、寝たきり高齢者などで、身障者手帳４級の彼が利用するには、事業要綱「その他適当と社協会長が認めた者」の理由が必要となり、社協会長宛「お願い文書」を２人で作成し提出。社協職員から、「榊原さんには必要です」と快く貸出承認の決定を受けました。

　文書作成中、「以前は身内が来てくれたが身内も病気で介護を受けているので無理です。１人の生活は何かやろうと思っても意欲は出ない。オリンピックのテレビ、パラリンピックの人はすごいですね。同じ障害者なのに」と心の中を少し話されました。

　10 月上旬。訪問介護、週１回 45 分の掃除支援が開始。CM は週２回以上の支援を促されたが、本人、１回のみ希望。

　10 月中旬。社協の車利用を開始。病院受診（薬局での薬受け取り）、年金引き出し、スーパーでの買い物、税務課への分納誓約書提出など。
「外を歩きたいが少し歩くと息苦しい。食べる物も即席が多く野菜が食べられない。野菜はサンドイッチのレタスを食べるくらい」とポツリ。レタス発

言にショックを受けました。

　税務課に滞納税金の分納誓約書を提出に。カウンター後ろの椅子で待機していたら、年金受け取り日に多額（2万円？）の支払いのようなやり取りが聞こえました。提出後、「分納額が負担なら少額への変更を税務課にお願いしたら。一緒に行くので考えてください」と伝えるも、即答はありませんでした。ですが、通帳に振り込まれるおおよその年金額は話されました。
　市のゴミ収集の開始決定。

　車内で少しずつですが、いろいろ話されるようになってきました。中学や高校時代のクラブ活動のこと、子どもの頃から料理が好きだったこと、得意な料理についてなど話されました。
　また、「ヘルパーさんの掃除はありがたい。それに1日中テレビの声のみだったが、ヘルパーさんと話ができてうれしい」と言われたので、「週2回にして買い物も頼んでは」と話しましたが、「1回でいいです」と。このことをCMに話すと、「買い物は自分で行きたいのでは」と。

　11月下旬。市職員とCMが榊原さん宅を訪問すると、榊原さんが倒れており救急車で病院受診。治療後、帰宅。これをきっかけに福祉関係者で生活支援計画を検討。本人の理解・承諾があり、1日2食の弁当配食・「高齢者配食サービス事業」（市から社協への委託事業）と弁当代金預かり・「貴重品預かり事業」（社協事業、例えば、通帳、印章、現金など）を開始。「家計相談支援事業」（生活困窮者自立支援法）も検討、との報告がCMからありました。この時、「赤星さんに伝える榊原さんの個人情報は、彼の了解を得ています」との話もありました。

　12月中旬。病院受診。スーパーで買い物。
「弁当は助かる。野菜が食べられる」と話され、スーパーで野菜、豆腐を買われ、自分で調理してみると。私の家はどこか聞かれたので車窓から教えま

した。「なぁんだ、案外近いんですね」。

　車から降りた時、隣りの鈴木さんに、「生協の御節の予約はまだできますか」と訊ねてもおられました。

　12月下旬。家計相談支援事業には「滞納税解消支援」もあるので、滞納納付税額を少額納付とする支援検討を市職員に依頼。また、本人の生活は要保護状態に近いのではないか。税金滞納処分の取り扱いに係る厚生労働省「少額分割納税か納税猶予の見解」の文書と、滋賀県野洲市「債権管理条例」記事（税滞納は生活困窮のシグナル。自治体あげて生活再建の手助けをする内容報道）を榊原さん支援の参考までに、と渡しました。

　1月上旬。ヘルパーが榊原さん宅を訪問。発熱し体調不良の様子なのでCMに連絡。2人で榊原さんを車椅子に乗せ（身体が重く本人も力が入らず軽四に乗せることができなかった）、徒歩で近くのクリニックに受診。診察の結果、総合病院へ即入院に。

　入院は長期化の様子。年金引き出し、公共料金などの納付は、CMなどが本人と同行し（車椅子利用）、近くのコンビニで行うとのこと。

　面会に行った私に、「最初はどこのおじさんかと思った。あなたや市職員さんなどのお世話、ありがとう。早く治って家に帰りたい」と以前より元気な様子で話してくれました。入院中は郵便物を届けることにしました。

　その後、総合病院から転院（療養病床）。治療後、身体障害者手帳は3級となり福祉医療費助成制度（障害者医療）に該当、医療費自己負担（食事代、居住費以外）はなくなりました。また、リハビリ治療やインスタント品中心の食生活から病院提供の食事で、体重もかなり減量し、院内敷地を杖歩行で散歩を楽しみ、患者同士の会話にも加わられるようになりました。今、本人の最大の願いは自宅に戻ることだそうです、とCMから聞きました。

　後日、福祉課職員からも榊原さんの近況を聞きました。「榊原さん、自宅

に戻りたいそうだが1人暮らしは難しいと思うが」と言うと、即座に「赤星さん、本人が在宅を望まれるなら一度やってもらうのが当たり前ではないですか」と。「理屈はそうだが難しいのでは」と私。

　8月下旬、榊原さん退院。訪問介護、訪問看護、デイサービスなどの福祉制度を利用しながら在宅生活。時々、町内を散歩されています。
「あの頃は死んどったよ。福祉の制度は知らんかったし。私と同じ人、いるよ」と私に。

●社会福祉従事者の寄り添う支援の実践力

「榊原さんの個人情報について本人が自発的に語る以外、聞かない。福祉制度などの情報は提供するが、利用は本人自身が決める」を双方関係の基本と私はしていました。

　交流を通し、『榊原さんは生活が少しずつ安定していく、と喜んでくれているだろう』、いや、『他人に負担をかけていると、気が重くなっているかもしれない』と、思いをめぐらせていました。

　少し頼られたかなと感じたのは、引き戸のガラスが割れた際に電話をくれた時です。彼を支え、またガラス破片の掃除のため、私は初めて室内に入りました。室内の生活の様子が少し分かりました。

　彼は地域との交流もなく、身体も不自由でゴミも出せず、片付かない室内の様子を私に晒しました。この時、知られたくなかったような、それでいてどこかホッとされた面持ちをされたように感じました。

　これを契機に、介護保険利用（訪問介護）について説明しました。彼は、年金のみの収入なので更なる出費は、と躊躇しました。

　出費を抑えるため社会福祉協議会の車の利用を提案しました。なぜ、社協が車を貸し出すのか、また、榊原さんは車利用が必要なのか、2人で話し合いました。この話し合いは、彼が自分の身体、生活（経済）を考える機会になったのではないか、と思っています。

その後、公的な支援（訪問介護・ゴミ収集）が開始されました。ヘルパーの掃除で部屋が整理され、人（ヘルパー）と話ができる。ゴミは市職員が収集してくれる。社協の車で通院、買い物もできる。1人で部屋に閉じこもった生活から他者に支えられる生活へ変わっていく。さらに、配食サービスによる食事の確保と改善、お金の預かり支援など。これらを通して生活安定の兆しを実感され、徐々に生活意欲が湧いてきたのではないでしょうか。それは、送迎時の車内での会話からもうかがえます。

　あまり他人に話したくない、知られたくない、年金額、医療費・薬代、タクシー代の支払いが大変というお金のこと。身内の様子や自らの生い立ち、趣味について。誰とも話さず減退していった生活意欲まで、次第に語られるようになりました。
　ビックリしたのは隣りの鈴木さんに、「御節の予約注文」を話されたことです。失礼なことですが最初に出会った時、お正月を迎える準備まで考える生活を、私は全く想像していませんでした。

　榊原さんの生活が少しずつ安定していった背景には、長年国民が要求し築いてきた国民の権利である、公的な福祉制度があったからです。そして、福祉に従事する職員の責任ある支援があったからです。
　関係職員は、訪問し彼と話し合い、制度の説明と活用について、彼の気持ちを推し測り促しました。制度の目的と彼の状態を重ね合わせ、利用者本位の決定（社協「その他適当と社協会長が認めた者」による車借用の承認）、彼の状態・環境に着目し、機転と自らの職務を広げての対応を行いました（車椅子に乗せてのクリニック受診、年金引き出しの支援、家屋内の整備）。これが公的責任の自覚と専門性の職務実践ではないでしょうか。
　福祉課職員「本人さんが在宅を望まれるなら一度やってもらうのが当たり前ではないですか」。この「自己決定を尊重した寄り添う支援」が基本にあったからこそ、彼と支援者の信頼関係が築けたのでしょう。

課題もあります。職員は少人数で、多忙です。公的制度も不十分です。例えば、医療費自己負担額の助成対象（県・市町村事業）は身障3級までで（一部4級、6級まで該当あり）、彼は4級で非該当のため多額の自己負担をしていました。市独自の「在宅生活支援事業」は、税金や保険料の滞納を理由に利用を制限されています（ゴミ収集、寝具クリーニング、訪問理髪、車椅子貸出などの事業）。社協の車貸出事業にセットだった運転手の派遣は廃止されています。介護保険には介護費削減の総合事業が導入されました。

　これらの改善に対する関係職員の行動があるのかないのか、市民は知りませんし、知らされていません。福祉従事者が「制度改善への取り組み」に躊躇していて、当事者への「権利擁護」支援が十分できるでしょうか。福祉従事者の制度改善行動は、当事者が福祉従事者に信頼を寄せる、共同行動へ発展するひとつの鍵ではないでしょうか。また、関係機関・職員の「連携・課題の共有」は叫ばれてはいますが、制度知識や職員への働きかけが不十分のようです（税金等滞納者の生活実態と生活支援について、税務課職員への働きかけなど）。

●社会福祉従事者に求められているもの

　福祉従事者は社会や第三者からの批判を受けることが少ないのです。社会福祉の対人支援は多くの場合、外から見えにくい家庭内や相談室で、人から人に対して行われます。当事者は支援に疑問や不満があっても、言い出しにくい関係になりがちです。当事者の支援に対する評価は、リトマス試験紙のように具体的に現れない場合が多いのです。

　私は福祉現場で何度も挫折を感じました。家庭を訪問すると保護世帯の厳しい生活に出合います。特に子どもの生活はひどいものでした。セーラー服の支給は1着のみ。着替えがなく家出した女子中学生。夏休み中、どこにも行けず薄暗い家でさびしそうに留守番をしている母子家庭の姉妹。学校給食以外、毎日の食事はインスタントラーメンばかりの男の子。昼間の高校に願

書を出した女子中学生に、生活保護を受けているから、と夜間高校に願書を変更させました。

　私はどうすることもできず、嘆くばかりでした。福祉の仕事を辞めようとも思いました。けれど、この子どもたちの顔が浮かびます。そんな時、「苦しいのは福祉の職場だけではないよ。どこの部署も同じだよ」と他の職場の職員から声をかけられました。そうして民主的な職場環境づくりに参加し、踏み止まり、何とか今日までできました。

　誕生した赤ちゃんはみな無垢です。成長過程で様々な経験をし、時に幸薄く社会から排除されるという環境に晒される場合もあるのです。福祉従事者には、この背景を洞察する力が必要です。
「福祉の支援を求めている人（求めていない人）の生活」を第三者的に評論するのではなく、自らの生活（学習・経験）と重ね、『自分ならどのように接する（支援する）のか』、この姿勢（実践）が強く求められているのです。この姿勢が福祉従事者の「自律」を育みます。私も学びます。

あとがき

　お読みいただきありがとうございました。職員から「私は違う」との声が聞こえてきそうです。考えてほしいのは、「私の職場」ではどうだろうか、ということです。

　職場に「自由と民主主義」はありますか。自由に発言でき、同僚と「住民全体の奉仕者」としての仕事を遂行していますか。いかがでしょうか。

　マイナンバーカード申請促進の業務、「お知らせ・マイナポイント最大20,000円分　もらい忘れてはいませんか？」などと書いたビラの各戸配布やスーパー店舗内での出張受付業務と、私が示した事例とを対比してみてください。何も感じませんか。

　同じ職場で同じ仕事をしている正規職員と非正規職員（会計年度任用職員。2020年4月に始まった非正規職員の地方公務員の制度）が混在し、働く条件、賃金などに格差があることは止むを得ないことですか。疑問を持ちませんか。

　誰かが声を上げなかったら、住民の福祉、人権は放置されたままです。一方、まえがきで記しましたが、憲法を遵守するとした宣誓書に署名している職員が宣誓書に反する行為をしたとしても、その職員は、公務員として咎められる、身分を侵されることはありません。これは、民主主義社会の姿として正常でしょうか。ちなみに、私は職員にペナルティを課すことを求めてはいません。ペナルティはトカゲの尻尾切り、その場しのぎの対応でしかないからです。

　職員に求めます。住民の訴え・要望にしっかり耳を傾け、法令、条例、規程などを全ての住民に平等に適用してください。これが職員に課せられた「住民全体の奉仕者」としての最低の仕事です。繰り返し求めます。全ての住民に「情報公開」「平等」の対応をしてください。「聞く耳」を持ってくだ

さい。そして、事例のような場面に出合ったら、「自分ならどうする」と自問してください。

　1960年4月に希望を持って福祉の充実を目指し自治体の福祉職に就き、今は高齢になった、私の願いです。

　最後になりますが、本書の取り組みができましたのは、松本如美さん（福祉を学ぶ半田の会世話人）をはじめ、地域のみなさんの支えがあったからです。感謝しています。今後も変わらない支えを、よろしくお願いいたします。

　さらに本書が出版に至りましたのは、学習の友社と久保企画編集室のご尽力があってのことです。学習の友社には、ささやかな実践に、出版の機会を与えていただきました。久保企画編集室の久保則之代表には、丁寧に原稿を整理し、編集にお骨折りいただきました。学習の友社と久保企画編集室に心から感謝申しあげます。

　　　　2024年1月　　　　　　　　　　　　　赤星　俊一

初出一覧

第１話：「住民の「生命と生活を守る」社会福祉対人支援実践事例」（日本
　　　　福祉大学社会福祉学会『福祉研究』No.100、2009 年）

第２話：「生活保護行政の根底に流れる劣等処遇の原則」（日本福祉大学社
　　　　会福祉学会『福祉研究』No.104、2021 年）

第３話：「新型コロナウイルス感染症と行政　弱者への視点」
　　　　・「税金を滞納している市民は、コロナ禍の支援を利用できませ
　　　　　ん」（第 11 回福祉を学ぶ半田の会学習会「コロナ禍に対する半田
　　　　　市の対応」2020 年 11 月に加筆）
　　　　・「生活保護を利用している市民、感染症拡大の対象から除外」
　　　　　（半田市長への手紙「生活保護行政担当職員の業務姿勢について」
　　　　　2020 年 4 月に加筆）

第４話：「市民の声訊かず、一方的な長寿祝い金削減と健康祝い金の新設」
　　　　（第 15 回福祉を学ぶ半田の会学習会「半田市の数え 88 歳の長寿祝
　　　　い金廃止と健康祝い金の新設を考える」2022 年 9 月に加筆）

第５話：「地域と疎遠　制度不案内　支援届かず、と社会福祉従事者の寄
　　　　り添う支援」（日本福祉大学社会福祉学会『福祉研究』No.113、
　　　　2018 年）

赤星 俊一（あかほし しゅんいち）

1941年生まれ。1964年3月、日本福祉大学社会福祉学部卒業。
同年4月、愛知県半田市に就職。社会福祉事務所で、生活保護、老人福祉など
社会福祉の仕事に従事。
2000年4月〜2007年3月、日本福祉大学社会福祉実習教育研究センター教授。
2008年9月〜2022年1月、介護の充実を求める会愛知連絡会代表世話人。
2017年9月〜2023年10月、福祉を学ぶ半田の会世話人。

［著書］
『社会福祉援助技術演習』（川田誉音他編・共著、みらい、1995年）
『やさしいホームヘルパー入門』（みらい、1997年）
『真の公的介護保障を求めて』（日本福祉大学社会福祉学会編・共著、あけび書
　　房、1998年）
『誰のため何のために福祉で働くのか』（あけび書房、2002年）
『21世紀の社会福祉実践』（編集委員、あけび書房、2003年）
『ホームヘルパーさん、「福祉の心」を大切に』（あけび書房、2010年）

冷たい福祉に抗い、住民を支える福祉に
　―福祉で働くあなたへ―

発行　2024年2月20日　初版
定価はカバーに表示

著者　赤星俊一

発行所　学習の友社
〒113-0034　東京都文京区湯島2-4-4
電話　03（5842）5641　Fax　03（5842）5645
tomo@gakusyu.gr.jp
編集・制作／久保企画編集室
組版・印刷・製本／モリモト印刷

ISBN978-4-7617-0745-3 C0036